Viva! 中級韓国語

野間秀樹・金珍娥 共著

朝日出版社

はじめに

　本書は韓国語の入門を終えられた方々のための学習書，教科書です．日本語を母語とする人々のための入門書は多々ありますが，入門を終わって，その次の段階を学べる**中級用の学習書**は，ほとんどないのが実情です．大学や語学学校などでも，いわゆる中級のための優れた教科書がほとんどなく，先生方も大変困っておられるのを目の当たりにし，また独習なさっている方々からも，良い中級の学習書がほしいという熱き声を，幾度となく伺いました．そこで本書を書き上げました．本書は次のような特長を持っています：

> **会話も語彙も文法も，三位一体で学べる**
> **ほんとうに自然な話しことばを学べる**
> **ほんとうに使える文法を学べる**
> **日本語と韓国語の違いに注目して学べる**
> **美しい録音の CD によって音から学べる**

　本書は，近年の談話，すなわち**実際の話しことばの研究の成果を惜しみなくつぎ込んでいます**．頭の中で作られた会話ではなく，母語話者がどのような表現で会話を組み立て，進め，豊かなものにして行くのか，実際の話しことばの分析を通して得られた研究の成果を，本書のあちらこちらに忍ばせています．そしてそれらの成果は「依頼する」「感謝を表す」「意志を述べる」といった，表現の機能別にまとめてあります：

表現の機能別に学べる

これが本書の大きな特長です.「これこれの形は依頼を表す」と学ぶだけではなく,「依頼を表すにはこれこれの形がある」と学ぶことができるのです. それによって「**こう言いたいときに,何と表現すればいいか**」,「**表現したいことを,どう表現すればいいのか**」を知ることができます.

本書の会話が生き生きとした, ほんとうに使える会話文となっていること, そしてそれらを体系的に学べるように, という姿勢に, 読者の皆さんはきっと驚かれることでしょう.

文法についての説明も, 近年の文法研究の進展に学び, 大胆に展開しています. **ときにはまるで文法書のように, 中級以上に深く掘り下げたところも**あります. 既存の学習書では触れられていない考え方も見られます.

日本語を単に機械的に置き換えてよしとするような発想は捨て去って, 語彙, 文法, 表現, 会話の隅々に至るまで, 日本語と韓国語の対照研究の成果を取り入れ, **日本語と韓国語はどこが同じでどこが異なるのか**, これでもかと考え抜き, 読者の皆さんに伝えようと, 心を傾けました.

本書は密度の濃い学習書となっています. 何も全体を通読しなくとも, あるいは会話文だけを覚えたり, CD の美しい発音に快さを感じたり, 文法記述に読みふけったりと, **一部分だけでも本書を楽しむこともできる**ようになっています. 学校の教科書としてなら, 1 年で半分を消化していただくだけでも, 相当な成果を得ることができるでしょう. 巻末の詳細な索引はそうした学習方法を助けてくれるものです. 中級へと進んでこられた皆さんならではの学習方法です.

さて, 実は多くの方々の情熱が本書を支えてくれています. 東京外国語大学に集う, 金美仙先生, 中村麻結氏, 安垠姫氏, 金恩愛氏, 鄭恩姫氏, 孫禎慧氏, 林田氏, 小林由枝氏, 辻野裕紀氏, 杉山豊氏は, 本書を作るのに

精魂込めて協力してくださいました．また，九州大学の村田寛先生，韓国外国語大学の中島仁先生にもご協力いただきました．また，伊藤英人先生，南潤珍先生，五十嵐孔一先生，趙義成先生といった先生方が共にしてくださっている，東京外国語大学大学院の日韓対照言語学ゼミにおける研究は，本書を裏から支えてくれているものでもあります．

　CD の録音は，NHK 国際局アナウンサーの林周禧氏，李哉彧氏，李泓馥氏，また NHK ハングル講座ゲストも務めている，安垠姫氏，金恩愛氏のご協力をいただきました．皆さまに心からお礼申し上げます．

　朝日出版社の藤野昭雄氏，山田敏之氏のご苦労にも，心より感謝申し上げます．

　本書は未だ見たことのない書物を形にしようと試みたもので，そうであるがゆえに，至らぬ点もきっと多々あることでしょう．読者の皆さんの率直なご意見を伺い，共にさらにすばらしい学習書を作り上げてゆくことができれば，こんな幸せなことはありません．

著者

目次

	はじめに	3
	主な登場人物	9
第1課 ◆	はじめまして	12
	出会いのあいさつをする	
第2課 ◆	お宅はどちらですか	32
	尋ねる．応答する	
	韓国語のスピーチレベル	54
第3課 ◆	もしもし	63
	電話をする	
第4課 ◆	ありがとうございました	87
	感謝を表す，感謝に対して応答する	
第5課 ◆	写真撮ってもいいですか	101
	許可を得る	
第6課 ◆	お願いしてもよろしいでしょうか	117
	依頼する	
第7課 ◆	休んだほうがいいですよ	132
	助言をする	
第8課 ◆	後で送ればよかったのに	150
	後悔を述べる	
	読む！ 外来語と食事の妙な関係	164
第9課 ◆	一目ぼれして…	169
	原因・理由を述べる	
	諺ことわざ	184

第 10 課	◆	韓国語で何と言いますか	187
		韓国語で韓国語の表現を尋ねる	
	💥	故事成語	204
第 11 課	◆	辛いものもよく食べるそうです	207
		伝聞を語る	
第 12 課	◆	ふられちゃいました	224
		被ったことを述べる	
第 13 課	◆	お昼ご一緒にいかがですか	237
		提案する	
第 14 課	◆	お話したいと思います	247
		意志を述べる	
第 15 課	◆	雨が降るでしょう	260
		判断を述べる. 推量を述べる	
	💥	用言の活用と語基	280
	💥	用言の活用の型	284
索引1		語尾や接尾辞などの索引	286
索引2		韓国語単語集・索引	293
索引3		日本語単語集・索引	303
索引4		事項索引	319

主な登場人物

社会人

강민희	姜珉姫	カン・ミニ	女性. 三星物産
김수진	金殊眞	キム・スジン	女性. 広告会社
정현우	鄭賢祐	チョン・ヒョヌ	男性. 現代自動車
이성준	李成俊	イ・ソンジュン	男性. 貿易会社

学生

조민아	趙玟娥	チョ・ミナ	女性. 大学1年
임지은	林智恩	イム・ジウン	女性. 大学1年, 日文科 박준호のガールフレンド
박준호	朴準浩	パク・チュノ	男性. 大学3年生, 日文科 임지은のボーイフレンド
윤석우	尹錫優	ユン・ソグ	男性. 大学1年生 コンピュータ工学
최수민	崔秀民	チェ・スミン	女性. 日本在住の韓国人留学生

社会人

다케다 히카루	武田光	男性. 韓国在住の日本人.

学生

핫토리 마키	服部真紀	女性. 韓国在住の日本人. 大学生
혼다 가나	本田可奈	女性. 韓国在住の日本人. 留学生
도쿠가와 겐	徳川健	男性. 韓国在住の日本人. 留学生
스즈키 아유미	鈴木歩美	女性. 日本在住の日本人. 大学生

● はじめまして

出会いのあいさつをする

만나서 반갑습니다

前々から気になっていたチウンさんを紹介してもらう

01	준호	어, 저기 지은 씨 아니에요?
02	수경	아, 지은이네요. 지금 소개시켜 줄게요.
03	준호	와, 진짜요? 긴장되는데요.
04	수경	지은 씨, 안녕하세요?
05	지은	어머, 수경 언니, 안녕하세요?
06	수경	지은 씨, 소개해 줄 사람이 있어요.
07	준호	저, 안녕하세요? 박준호라고 합니다.
08	지은	네, 안녕하세요? 저 임지은이에요.
09	준호	네, 만나서 반갑습니다.
10		전부터 뵙고 싶었습니다.

11		저 지은 씨하고 같은 일문과에요.
12	지은	어머, 그러세요? 몇 학년이신데요?
13	준호	3학년입니다.
14	지은	전 1학년인데, 그럼 과 선배님이시네요.
15	수경	뭐에요, 준호 씨, 혼자서도 말 잘하시네요.

---

01 [チュノ]　あ, あれチウンさんじゃないですか？
02 [スギョン]　あ, チウンですね. 今紹介してあげますよ.
03 [チュノ]　え？本当ですか？緊張しますね.
04 [スギョン]　チウンさん, こんにちは.
05 [チウン]　あ, スギョン先輩, こんにちは.
06 [スギョン]　チウンさん, 紹介したい人がいるんですが.
07 [チュノ]　あの, こんにちは. パク・チュノと申します.
08 [チウン]　(ええ)こんにちは. 私, イム・ジウンです.
09 [チュノ]　(あ, はい)お会いできて嬉しいです.
10 　　　　　前からお会いしたかったんですよ.
11 　　　　　僕, チウンさんと同じ日文科です.
12 [チウン]　あら, そうですか. 何年生ですか？
13 [チュノ]　3年生です.
14 [チウン]　私は1年生ですけど, それじゃ, 学科の先輩でいらっしゃいますね.
15 [スギョン]　何ですか, チュノさん, 一人でもよく話してるじゃないですか.

□ -이	（子音語幹の名前について）…さん．…ちゃん．母音語幹の名前や，目上の人の名前にはつけない
□ 소개시키다	<紹介−> **紹介する**．標準語では소개하다だが，話しことばで用いる．「소개해 줄게요」は「紹介してあげます」．「소개시켜 주세요」，「소개해 주세요」は「紹介してください」の意
□ 와	[間投詞] **うわ**．驚きや感嘆を表す
□ 진짜	<眞−> **本当**．ややくだけた話しことばで用いる
□ 긴장되다	<緊張−> **緊張する**．「긴장이 풀리다」は「緊張が解ける」
□ 만나다	(−를/−을)(…に) **会う**
□ 반갑다	(会えて) **うれしい**．用言の活用は ➜ p.280 (Ⅰ)반갑−. (Ⅱ)반가우−. (Ⅲ)반가워−．ㅂ変格
□ 전	<前> **前**．전부터は「前から」，「以前から」の意
□ 뵙다	**お目にかかる**．만나다(会う)の謙譲語 (Ⅰ)뵙−. (Ⅱ)뵈−. (Ⅲ)뵈어−(書)/봬−(話)
□ Ⅰ−고 싶다	…**したい**
□ 일문과	<日文科> [−꽈] **日文科**
□ 학년	<學年> **学年**．「몇 학년」(何年生)は激音化，ㅁ音の鼻音化が起こって，[며탕년]と発音
□ 과	<科> **科**．通常[꽈]と発音する．「日本語科」(일본어과)，「内科」(내과)などの「科」も普通[꽈]と発音．ただし科学は[과학]
□ 그럼	[接続詞] **では．それじゃ**．[間投詞] **もちろん** 話を始める際の前置き表現としても用いられる
□ −님	…**様**．尊敬語を作る接尾辞．선배님が「先輩様」でないことを見てもわかるように，님を常に「…様」と訳すとおかしいことに注意．目上の役職名には基本的にこの·님がつくと考えればよい
□ 뭐에요	**何ですか．どういうことですか**．ここでは意外なことに対する感嘆を表す
□ 혼자서	[副] **一人で**．혼자とも言う
□ 말	**ことば．話**．「말을 잘하다」は「話がうまい」，「よく話す」の意

 部長が人を紹介する

01	부장	이성준 씨, 소개할 사람이 있어요.
02	부장	이 분은 이번 프로젝트를 도와 주실 강민희 씹니다.
03		강민희 씨, 이쪽은 이번 프로젝트의 총책임을 맡으실 이성준 과장이에요.
04	성준	예, 처음 뵙겠습니다.
05		이성준입니다.
06	민희	네, 안녕하세요? 강민희라고 합니다.
07		저 과장님 말씀 많이 들었어요.
08	성준	무슨 얘길 들으셨는데요?
09	민희	일에는 엄격하시구 부하 직원들한테는 친절하시다는 소문이 자자해요.
10	성준	아이, 별말씀을요, 아닙니다.
11	민희	이렇게 과장님 뵙게 돼서 반갑습니다.
12	성준	저야말로 만나뵙게 돼서 반갑습니다.
13	민희	앞으로 잘 부탁드리겠습니다.
14	성준	네, 잘 부탁드립니다.

01	［部長］	イー・ソンジュンさん、ご紹介したい人がいるんですが。
02		この方は今度プロジェクトを手伝ってくださる、カン・ミニさんです。
03		カン・ミニさん、こちらは今度のプロジェクトの総責任者でいらっしゃるイー・ソンジュン課長です。
04	［ソンジュン］	（ええ．）初めまして。
05		イー・ソンジュンです。
06	［ミニ］	（ええ）こんにちは。カン・ミニと申します。
07		（私）課長のお話はよく伺っておりました。
08	［ソンジュン］	どういう話をお聞きになってらっしゃるんですか？
09	［ミニ］	仕事には厳しく、部下の社員には優しいとうわさですよ。
10	［ソンジュン］	いや、とんでもないですよ。
11	［ミニ］	こうしてお目にかかれて、嬉しく存じます。
12	［ソンジュン］	いやいや、私こそお会いできて、嬉しいですよ。
13	［ミニ］	今後ともよろしくお願いいたします。
14	［ソンジュン］	ええ、よろしくお願いします。

□부장	<部長> 部長	
□소개하다	<紹介-> 紹介する	
□이번	<-番> 今回. 今度.「次」の意の「今度」は다음(에)	
□프로젝트	プロジェクト	
□돕다	手伝う. 助ける. (Ⅰ)돕-. (Ⅱ)도우-. (Ⅲ)도와-. ㅂ変格 도와주다는 돕다＋Ⅲ(-아/-어)주다(…してやる)	
□이쪽	こちら. こっち.「쪽」は方向を指して「方, 側, 方面」. 그쪽は「そちら」, 저쪽は「あちら」,「어느 쪽」は「どちら」. 方向のみならず, 友人や目下の者の紹介の時など, 人を指す場合にも用いられる	
□총책임	<總責任> 総責任	
□맡다	引き受ける. 受け持つ. 預かる	
□과장	<課長> 課長	
□처음	最初. 初め	
□뵙다	お目にかかる.「会う」の謙譲語 「처음 뵙겠습니다」で「はじめまして」	
□-(이)라고 하다	人名について「…と申す」「…という」. 他の体言について「…という」の意.〈文法と表現〉参照	
□말씀	おことば. お話. 말の尊敬語, 謙譲語	
□많이	[副詞] 多く. たくさん	
□듣다	聞く. (Ⅰ)듣-. (Ⅱ)들으-. (Ⅲ)들어-. ㄷ変格 들었어요는 Ⅲ들어＋ㅆ어요(過去形의 해요体)	
□일	仕事. 用事	

□엄격하다	<嚴格-> **厳しい**. 엄격하시구는 엄격하시고のソウル方言形. 接続形語尾-고(…して)はソウルではしばしば[구]と発音される
□부하	<部下> 部下
□직원	<職員> 職員. 係員
□친절하다	<親切-> **親切だ**. やさしい.「친절하시다+는」は「한다体終止形+連体形語尾」の引用連体形.「親切でいらっしゃるという」の意. ➡ 11課参照
□소문	<所聞> うわさ
□자자하다	<藉藉-> (うわさなどが) **広まっている**.「소문이 자자하다」は「うわさが広まっている」
□별말씀을요	<別-> [별말쓰믈료] **とんでもございません** -을は「…を」, -요は丁寧化の-요／-이요 ➡ p.43
□이렇게	このように
□ -야말로/ -이야말로	…こそ. 저야말로は「こちらこそ」,「私こそ」 이거야말로は「これこそ」. 이번에야말로は「今度こそ」. 母音語幹には-야말로, 子音語幹には-이야말로
□만나뵙다	お目にかかる. 만나다の謙譲語
□앞으로	これから. 今後. 位置関係の「前」は앞.「後ろ」は뒤. 時間的な「これから」は이것부터とは言わない
□부탁하다	<付託> お願いする. 頼む. 「잘 부탁합니다」で「よろしくお願いします」. 謙譲語「よろしくお願い申し上げます」は 「잘 부탁드립니다」,「잘 부탁드리겠습니다」

企業などの職位

- 회장 ＜會長＞　会長
- 사장 ＜社長＞　社長
- 부사장 ＜副社長＞　副社長
- 이사 ＜理事＞　重役．取締役
- 전무이사 ＜專務理事＞　專務
- 상무이사 ＜常務理事＞　常務
- 국장 ＜局長＞　局長

- 부장 ＜部長＞　部長
- 차장 ＜次長＞　次長
- 과장 ＜課長＞　課長
- 실장 ＜室長＞　室長
- 대리 ＜代理＞　課長代理
- 계장 ＜係長＞　係長
- 직원 ＜職員＞　職員
- 평사원 ＜平社員＞　平社員

尊敬語はそれぞれ - 님をつける．대리はほぼ係長に相当することが多い．평사원（平社員）は尊敬語がない．「平社員」は，日本語同様，正式の職位名ではない．

文法と表現

● あいさつ

目上に対するあいさつ(인사)では軽い会釈を交わすのが普通．男性の社会人の間では握手(악수)も盛ん．

● 用言．自動詞と他動詞．形容詞．存在詞．指定詞．

用言(용언)は活用語尾のつきかたによって，形の上から区別できる．動詞(동사)，形容詞(형용사)，存在詞(존재사)，指定詞(지정사)という4つの品詞(품사)がある．動詞のうち，-를/-을(…を)と共に用いられる소개하다(紹介する)や돕다(助ける)などの動詞を**他動詞**(타동사)といい，-를/-을と共には用いられない，인사하다(あいさつする)のような動詞を**自動詞**(자동사)という．좋다(良い)や반갑다(嬉しい)などは**形容詞**，있다(ある．いる)，없다(ない．いない)，재미있다(面白い)などは**存在詞**，-이다(…である)と아니다(…ではない)の2語は**指定詞**である． ➡巻末：用言の活用

● 連体形

用言が体言を修飾する形を**連体形**という．「体言に連なる形」の意である．日本語では「ご飯を食べる」と「食べるご飯」のように，終止形と連体形が同じ形になることがあるが，韓国語では終止形と連体形は常に別の形である．ここでは最もよく用いられる連体形の全体像を表の形で簡単に見て，具体的な用法については，今後少しずつ学んでゆくことにしよう：

連体形の諸形

		現在既定連体形	過去完成連体形	予期連体形
動詞	받다	**Ⅰ-는** …する… 받는	**Ⅱ-ㄴ** …した 받은	**Ⅱ-ㄹ** …する… …であろう …받을
存在詞	멋있다	멋있는	**Ⅲ-ㅆ던** …だった …멋있었던	멋있을
形容詞	좋다	**Ⅱ-ㄴ** …な …좋은	좋았던	좋을
指定詞	-이다	-인	-이었던 -였던	-일

● 하는（Ⅰ-는）　…する…　[動詞，存在詞の現在既定連体形]
　한（Ⅱ-ㄴ）　　…な….…である…
　　　　　　　　　　　[形容詞，指定詞の現在既定連体形]

　Ⅰ-는は動詞や存在詞につき，「…する…」「…することになっている…」「（いつも）…している…」の意の連体形となる：

　　　저기 **오는** 사람　　あそこにやって来る人
　　　내일 **만나는** 사람　明日会うことになっている人
　　　매일 **듣는** 얘기　　毎日聞いている話

ㄹ語幹の動詞にはㄹが落ちた形につく：

　　　저기 **사는** 사람　　あそこに住んでいる人（살다）
　　　저기서 **우는** 사람　あそこで泣いている人（울다）

　形容詞や指定詞の現在既定連体形にはⅡ-ㄴを用いる。「…な….…である…」の意のとなる：

　　　좋은 사람　　　　いい人
　　　친절한 사람　　　親切な人
　　　뵙고 **싶은** 분　　　お目にかかりたい方（싶다は形容詞）
　　　3학년**인** 선배　　　3年生の（＝3年生である）先輩
　　　　　　　　　　　＊「3학년의 선배」とはいわない．
　　　3학년이 **아닌** 선배　3年生ではない先輩

ㄹ語幹の形容詞にもやはりㄹが落ちた形につく：

　　　먼 고향　　　　遠い故郷（멀다）

● 한 (Ⅱ-ㄴ) …した…　　[動詞の過去完成連体形]

　Ⅱ-ㄴは動詞につくと,「…した…」の意の過去完成連体形となる:

　　　새로 온 사람　　新しく来た人
　　　소개한 사람　　紹介した人
　　　먹은 밥　　　　食べたご飯
　　　들은 얘기　　　聞いた話

● 할 (Ⅱ-ㄹ) …する… [予期連体形]

　Ⅱ-ㄹは「…すべき…」,「…するであろう…」の意の連体形. 第Ⅱ語基に-ㄹが付く. ただし, 살다(生きる), 알다(知る)など, ㄹ語幹の用言にはㄹが落ちた形につくので, 살や알という形になる:

　　　소개할 사람　　紹介すべき人
　　　다음달 일을 맡으실 과장님
　　　　　　　　来月仕事を担当なさる(であろう)課長
　　　우리가 살 집　　私たちが住む(であろう)家
　　　내일 들을 강의　明日聞く(であろう)講義

なお, 하는(Ⅰ-는)「…する…」[現在既定連体形]と比較せよ. 未来のことでも「既にそういうことになっている」ことは現在既定連体形を用いる:

　　　다음달부터 이 일을 맡으시는 분
　　　　　　　　来月からこの仕事を担当なさる(ことになっている)方
　　　내일 듣는 강의　　　　明日聞く(ことになっている)講義

● -(이)라고 하다 …という… [体言の引用]

「体言+という」は「-(이)라고 하다」. 하다は「する」の意だが, この形では「(…と)言う」の意. 「言う」には 말하다もあるが, 引用では「-(이)라고 말하다」とは普通言わない. 母音語幹の体言には-라고, 子音語幹の体言には-이라고を用いる:

> 저는 최수민이라고 합니다.
>> 私は崔秀民と申します.
> 이건 한국말로 뭐라고 해요?
>> これは韓国語で何といいますか?
> 그 사람 이름, 뭐라고 했지?
>> あの人, 名前何ていったっけ?

● 해서 반갑다 (Ⅲ-서 반갑다) …してうれしい

この 해서(Ⅲ-서)形, つまり-아서/-어서形は, 原因を表す. 반갑다は期待しているものや, 懐かしいものに出会ったときの嬉しさを表す:

> 같이 일하게 돼서 반갑습니다.
>> ご一緒に仕事ができて嬉しく存じます.
> 여기서 다시 만나게 돼서 정말 반가워요.
>> ここでまた会えてほんとに嬉しいです.

● 하게 되다 (Ⅰ-게 되다)
　　…するようになる. …することになる. …し始める.
　　　　　　　　　　　　　[なりゆき・推移の新段階]

ことが「…するようになる」「…し始める」というなりゆき, 推移の新段階を表す:

또 만나게 됐네요.
　　　また会うことになりましたね.
그래서 이 회사에 들어오게 됐습니다.
　　　それでこの会社に入ることになったんです.
이번달부터 여기서 공부하게 됐습니다.
　　　今月からここで学び始めました.

● 하네요（Ⅰ-네요）
　　　　　　…するんですね. …ですね. ［発見的感嘆］

発話の現場で新たに見聞きしたことに対する, 発見的な感嘆を表す. 丁寧でない形, 即ち非敬意体では하네（Ⅰ-네）という形になる:

　　그럼 제가 후배네요.　　じゃ, 私が後輩ですね！
　　아, 여기 있네.　　　　（探し物が）あ, ここにあった！
　　저하고 똑같은 핸드폰을 사셨네요.
　　　　私と全く同じケータイをお買いになりましたね.

● 하는데요（Ⅰ-는데요）　　…しますが.
　　　　　　　　　　　　　　　　［動詞, 存在詞の婉曲形］
　한데요（Ⅱ-ㄴ데요）　　…ですが.
　　　　　　　　　　　　　　　　［形容詞, 指定詞の婉曲形］

「…します」と言い切るのではなく, 「…しますが」「…しますけど」のように, やや余韻を残して, 婉曲にいう形. 「…しますね」と, 軽い感嘆や驚きなどを込めていうのにも用い, また「…するのでしょうか」のように柔らかい疑問の意味にも用いる. ㄹ語幹につくときは, ㄹが落ちた形につく:

Ⅰ-는데요は動詞, 存在詞につき, Ⅰ-겠-やⅢ-ㅆ-の後ろでは, それらの前の品詞を問わず, Ⅰ-는데요がつく:

오늘은 좀 긴장되는데요.
　　　　今日はちょっと緊張しますね.
이 일은 시간이 좀 걸리겠는데요.
　　　　この仕事はちょっと時間がかかりそうですね.
무슨 얘기를 들으셨는데요?
　　　　どういう話をお聞きになったんでしょう?
여기보다 어제 그 가게가 훨씬 좋았는데요.
　　　　ここより昨日のあの店がずっとよかったですけど.
저는 이 근처에 사는데요.
　　　　私はこの近くに住んでいるんですが.

Ⅱ-ㄴ데요は形容詞, 指定詞につく:

이 쇼핑백은 좀 작은데요. 옷이 안 들어가네요.
　　　　この紙袋はちょっと小さいですが. 服が入りませんね.
어, 새로 온 과장, 사람이 괜찮은데요.
　　　　お, 新しく来た課長, なかなかの人物ですね.
저 분은 학생이 아닌데요.
　　　　あの方は学生じゃありませんが.
저희 집은 여기서 먼데요.
　　　　うちはここから遠いですが.

● 할게요 (Ⅱ-ㄹ게요)
　　　　　　　…しますから. …します. [約束法]
　発話の現場における「…しますから」という話し手の気持ちを表す. ㄹ語幹の用言にはㄹが落ちた形につき, 살게요(暮らしますから)や놀게요(遊びますから)という形になる. 発音は[할께요]:

26

그럼 지금 **소개시켜 줄게요**.
   じゃあ, 今紹介してあげますよ.
그럼 이만 전화 **끊을게요**.
   じゃあ, これで電話切りますから.
제가 애들하고 **놀게요**.
   私が子供たちと遊びますから.

 市民会館の韓国語講座に新しい方が…

01	선생님	오늘은 새로 오신 분이 계세요.
02		이 분은 이번달부터 저희들과 함께 공부하실 사토 노보루 씹니다.
03		간단히 자기 소개 좀 해 주시겠어요?
04	사토	네, 안녕하십니까?
05		여러분들과 같이 공부하게 돼서 정말 반갑습니다.
06	선생님	한국말을 아주 잘하시네요.
07	사토	아뇨. 아직 멀었습니다.
08		앞으로 잘 부탁드리겠습니다.
09	수강생	(박수. 짝짝짝!)

01	[先生]	今日は新しい方がいらっしゃいました.
02		この方は今月から私たちと一緒に勉強されることになった佐藤昇さんです.
03		簡単に自己紹介お願いできますか?
04	[佐藤]	ええ, こんにちは.
05		皆さんと一緒に勉強することになり, 本当にうれしく思います.
06	[先生]	韓国語がとてもお上手でいらっしゃいますね.
07	[佐藤]	いや, まだまだですよ.
08		これからよろしくお願いいたします.
09	[受講生]	(拍手　パチパチパチ)

□새로	[副] 新しく. 新に. 改めて
□함께	[副] 一緒に. 共に. 같이（一緒に）に比べ, より書きことば的
□간단히	<簡單-> [간따니][간다니]. [副] 簡単に. 手短に
□자기 소개	<自己紹介> 自己紹介
□ㅣ-겠-	[接尾辞] 話の現場における聞き手の判断や意向を尋ねる. [将然判断] ➔ 15課参照
□여러분	みなさん. みなさま
□아직	[副] まだ. いまだに
□멀다	[形] 遠い. 「아직 멀었습니다」は「まだまだです」の意
□박수	<拍手> 拍手
□짝짝짝	[副] パチパチパチ. 拍手の音の擬声語

● **あいづち**

会話では自然なあいづちを打つことが，対話の進行に極めて重要な役割を果たす．韓国語に比べ，日本語のほうが一般にあいづちが多く用いられ，かつ，相手が話している最中に「うん，うん」などと相手の話に重ねてあいづちを打つことが多い．このように日本語と韓国語ではあいづちの打ち方や使用頻度に違いが見られる．「そうですか」:「そう」のように，丁寧:非丁寧のペアがあるかどうかに注目して，あいづちの類型を見てみよう：

	文法的なペアを持つ	語彙的なペアを持つ	ペアを持たない
	用言	間投詞や副詞など	
敬意体（丁寧）	그래요?（そうですか）	네,예,에（はい）	아（あ）
非敬意体（非丁寧）	그래?（そう？）	응（うん）	

あいづち表現

そうですか? そう?
그래요? 그래?

そうでしょう? そうだろう? だろ?
그렇죠? 그렇지? 그치?

そうですとも. そうだとも.
그럼요. 그럼.

そうなんですってば. そうなんだってば.
그렇다니까요. 그렇다니까.

そうなんですよ. そうなんだよな.
그러게 말이에요. 그러게 말이야.

はい. ええ. うん.
네. 에. 응.

あら.
어머.

ほんとですか? ほんと?
정말이요? 정말?

ほんとですか? ほんとですか? うそー.
진짜에요? 진짜요? 진짜?

そうですよね. そうだよ.
맞아요. 맞아.

제2과

● お宅はどちらですか

尋ねる. 応答する

어디 사시는데요?

会話 1 雨ですね. — お宅はどちら?

01	히카루	아, 비가 오는데요.
02		수진 씨, 우산 가지고 오셨어요?
03	수진	아뇨.
04	히카루	수진 씨 댁이 어디시죠?
05	수진	저요? 압구정동이요.
06	히카루	그러세요? 그럼 저랑 방향이 같네요.
07		우산 같이 쓰고 가시죠.
08	수진	히카루 씨는 어디 사시는데요?
09		전에 성북동이라고 그러지 않으셨어요?
10	히카루	아니, 오늘부터 저도 수진 씨랑 같은 방향이에요.

11		여기 우산 쓰시죠.
12	수진	아니, 저, 사실은…, 저는 차를 가지고 왔는데요.

01	[光]	あ, 雨ですね.
02		スジンさん, 傘お持ちですか.
03	[スジン]	いいえ.
04	[光]	スジンさんのお宅はどちらですか.
05	[スジン]	私ですか？狎鷗亭洞(アプクジョンドン)です.
06	[光]	あ, そうですか. じゃあ, 私と方向が一緒ですね.
07		一緒に傘差して行けばいいですね.
08	[スジン]	光さんはどちらにお住まいですか.
09		前に, 城北洞(ソンブクトン)っておっしゃいませんでした？
10	[光]	いや, 今日から私もスジンさんと同じ方向になりました.
11		傘, 一緒に使いましょう.
12	[スジン]	いえ, あの, 実は…, 私は車で来たんですけど.

□비	雨.「비가 오다」は「雨が降る」
□우산	<雨傘> 傘.
□댁	<宅> お宅
□압구정동	<狎鷗亭洞> アプクジョンドン. ソウルの地名
□그렇다	[形] そうだ. 그러세요?は「そうでいらっしゃいますか」. (Ⅰ)그렇-. (Ⅱ)그러-. (Ⅲ)그래-. ㅎ変格
□-랑/-이랑	…と. 話しことばで用いる 母音語幹に-랑, 子音語幹に-이랑を用いる
□방향	<方向> 方向
□같다	[形] 同じだ. 같은はⅡ-ㄴ連体形
□쓰다	差す.「우산을 쓰다」は「傘を差す」. 「우산을 같이 쓰다」は「傘を一緒に使う」,「一緒に傘に入る」
□Ⅱ-면	[接続形語尾] …すれば. …したら. …すると
□Ⅰ-겠-	[接尾辞] 話の現場における話し手の判断を表す. [将然判断] ➔ 15課参照
□성북동	<城北洞> ソンブクトン. ソウルの地名
□그러다	[動] そういう. そうする. (ⅠⅡ)그러-. (Ⅲ)그래-. 「…라고 그러다」は「…という」の意.
□사실	<事實> 事実 사실은は「実は」という前置き表現として用いられる
□차	<車> 車. 自動車. 자동차<自動車>とも言う. 「차를 가지고 오다」(車を持ってくる)は「車で来る」 「今, 車がある」の意

会話 2

日本に来てからどのくらい：キャンパスで

01	아유미	일본에 오신 지 얼마나 되셨어요?
02	수민	한 1년 정도 됐어요.
03	아유미	일본어는 오시기 전부터 하셨던 거에요?
04	수민	네, 대학에서 교양수업으로 들었습니다.
05	아유미	교양수업으로 하셨는데 이렇게 잘하세요?
06	아유미	어떻게 공부하셨어요?
07		전 일본 드라마를 굉장히 많이 봤어요.
08	수민	그래서 그런지 일본어 듣는 거하고 말하는 게 많이 좋아졌어요.
09		요즘엔 일본 드라마 주인공이 된 기분으로 말하기도 해요.

01	［歩美］	日本へいらっしゃって，どのぐらいですか？
02	［スミン］	約1年ほど経ちました．
03	［歩美］	日本語はいらっしゃる前からなさってたんですか．
04	［スミン］	ええ，大学で教養科目で取っていました．
05	［歩美］	教養科目でなさったのに，こんなにうまいんですか．
06		どんなふうにお勉強なさったんですか．
07	［スミン］	私は日本のドラマをかなりたくさん見たんですよ．
08		そのせいか，日本語の聞き取りと話すことがけっこううまくなりました．
09		最近は日本のドラマの主人公になった気持ちで話したりもするんですよ．

□ Ⅱ-ㄴ 지		…してから. …して以来
□ 얼마나		どれくらい. いくらぐらい. どんなに.
□ 되다		なる. (ⅠⅡ)되-. (Ⅲ)되어-(書)/돼-(話)
□ 한		(数詞の前に用いて) 約. およそ. だいたい
□ 정도		<程度> **程度**
□ 일본어		<日本語> **日本語**
□ 전		<前> **前**. 位置関係を表す「前」は「앞」
□ 대학		<大學> **大学**
□ 교양		<敎養> **教養**
□ 수업		<授業> **授業**
□ 듣다		**聞く**. (Ⅰ)듣-. (Ⅱ)들으-. (Ⅲ)들어-. ㄷ変格 「수업을 듣다」は「授業を取る」「授業に出る」. 「授業を休む」「授業をさぼる」は「수업을 빼먹다」. 俗語で「수업을 땡땡이 치다」とも. 「수업을 쉬다(休む)」とは言わない
□ Ⅰ-는데		[接続形語尾] …するのに, …するが. …するけれど. 動詞, 存在詞はⅠ-는데. 形容詞, 指定詞はⅡ-ㄴ데
□ 어떻게		どんなふうに. どんなに. 이렇게は「こんなに」. 그렇게は「そんなに」. 저렇게は「あんなに」
□ 드라마		**ドラマ**
□ 굉장히		<宏壯-> [副] **とても. 非常に. かなり**
□ 그래서 그런지		そのせいかどうか. 原因などをぼかして述べるときに用いる
□ 주인공		<主人公> **主人公**
□ 기분		<氣分> **気持ち. 感じ.** 「기분이 좋다」は「気持ちがいい」,「愉快だ」. 「기분이 나쁘다」は「腹が立つ」,「不愉快だ」の意で(吐き気がして)「気分が悪い」の意味はないことに注意.「気分が悪い」は「속이 안 좋다」という
□ Ⅰ-기도 하다		…したりもする. …することもある.

文法と表現

● **尋ねる**

　尋ねる(물어보기)には，疑問詞を用いて直接的に訊くこともできるが，「-가/-이 어떻게 되다」という形を用いた婉曲な(완곡한)疑問も有用である．「疑問詞＋婉曲形語尾-는데요/-ㄴ데요」の組み合わせもよく用いられる．

● **応答する**

　目上に対して答えるには，「학교．」(学校)のように答えに該当する体言だけを言うのは失礼．必ず**丁寧化の応答語尾-요/-이요**を用いる．なお，会話5のような場合に，「백만원입니다．」(百万ウォンです)のごとく指定詞の-이다(…である)を用いるのは，避けたほうがよい．この応答語尾への習熟は会話の流れを極めて自然なものにする．

● **-가/-이 어떻게 되는가? 　…は何ですか [婉曲な疑問]**

　되는가は下称の疑問形．これを됩니까, 되세요などのように活用させて用いる：

　　　몇 학번이세요? / 학번이 어떻게 되세요?
　　　　　　何年度入学でいらっしゃいますか．
　　　이름이 뭐에요? / 성함이 어떻게 되십니까?
　　　　　　お名前は何とおっしゃいますか．
　　　어디에 사세요? / 주소가 어떻게 되세요?
　　　　　　住所を教えていただけますか．
　　　어떤 사이세요? / 관계가 어떻게 되십니까?
　　　　　　どのようなご関係でいらっしゃいますか．

무슨 일을 하고 계세요? / 직업이 어떻게 되십니까?
ご職業は何でいらっしゃいますか.

● 하고 있다 (Ⅰ-고 있다)
　…している [動作の継続進行アスペクト]
　…している [再帰的な動詞の動作の結果の継続アスペクト]

日本語の「本を(今)読んでいる」「書いている」のように,「…している」という動作の継続進行(계속진행)を表す形.「…しつつある」で言い換えうるような「…している」は,基本的にこの「하고 있다」(Ⅰ-고 있다)で表せる. 今「…している」ので,いつかは「…しなくなる」「…し終わる」ような動作に用いることが多い:

　지금 뭐 하고 있어요? – 네, 책을 **읽고 있어요**.
　　今,何してるんですか.——うん,本を読んでるんですよ.
　전자공학을 **전공하고 있습니다**.
　　電子工学を専攻しております.
　아주머니, 뭘 **팔고 계세요**?
　　すみません(おばさん), 何を売ってらっしゃるんですか.

また,「하고 있다」形は「알고 있다」(知っている)や「사랑하고 있다」(愛している)のように,**精神的な営みの継続進行**も表す:

　내가 너를 얼마나 **사랑하고 있는지**, **알고 있어**?
　　俺がおまえのことどれほど愛しているのか,知ってる?

尊敬形(존경형)「…しておられる」「…していらっしゃる」は「하고 계시다」(Ⅰ-고 계시다)を用いる:

언니, 아까 할머니 뭐 하고 계셨어요?
　－ 응, 책 보고 계셨어.
　　　　お姉さん，さっき，おばあさん，何なさってたんですか.
　　　　——うん，本見てらしたよ.

「하고 있다」の尊敬形として次の形はほとんど用いない:

　　　「하시고 있다」　（하시고が尊敬形. 있다は非尊敬形）
　　　「하시고 계시다」（하시고も尊敬形. 계시다も尊敬形）

　「窓が開いている」「お金が落ちている」のように**自動詞の動作の結果の継続を表すには**「해 있다」(**Ⅲ 있다**)形を用いる. 他動詞は一般に「해 있다」形は持たない➜7課.

　このように，動詞の動作が「…しつつある」のか「…してしまっている」のかといった，動作がどの段階，どの局面にあるのかを問題にする文法範疇を**アスペクト**という:

　　　　　　　　　動作の段階，局面
　始まる前　　始まり　　なか　　おわり　　終わったあと

　[アスペクト]　　継続進行　　　　　結果の継続
　　　　　　　　하고 있다　　　　　해 있다
　　　　　　　　　　　　　　　　　하고 있다(一部の動詞)

「옷을 입다」(服を着る),「스웨터를 벗다」(セーターを脱ぐ),「모자를 쓰다」(帽子をかぶる),「안경을 끼다」(めがねをかける)などのように, 客体に働きかけた主体の動作が主体自身に返ってくるような動作を表す他動詞を, **再帰動詞**(재귀동사)と呼ぶ. こうした再帰動詞に「하고 있다」(Ⅰ-고 있다)が用いられると, 動作の継続進行だけでなく, 動作の結果の継続も表すことができる. これら再帰動詞も他動詞なので「해 있다」(Ⅲ 있다)形は使えない. 「차를 타다」(車に乗る)なども同様:

과장님은 오늘 모자를 **쓰고 계셨어요**.
　課長は今日, 帽子をかぶっていらっしゃいましたよ.
　　　　　　　　　　　　　　　　　　　　　　　[結果の継続]
저기 지금 천천히 모자를 **쓰고 있는** 사람이 과장님이에요.
　あそこで今, ゆっくり帽子をかぶろうとしている人が課長です.
　　　　　　　　　　　　　　　　　　　　　　　[継続進行]
흰 옷을 **입고 있는** 저 사람이 누구에요?
　あの白い服を着ている人は誰ですか.
저 지금 전철 **타고 있거든요**. 제가 나중에 전화 드릴게요.
　私, 今電車に乗ってるもんですから. あとで私が折り返しお電話差し上げます.

再帰動詞は,「하고 있다」形で動作の継続進行と動作の結果の継続の両方を表しうるが, そのことを입다(着る)という動詞で見てみよう:

지금 어제 산 옷을 입고 있어.
　今, 昨日買った服を着ているところなの.
　　　　(例えば→「でもなかなかうまく着れないの」が続く)
　[着るという動作の継続進行]

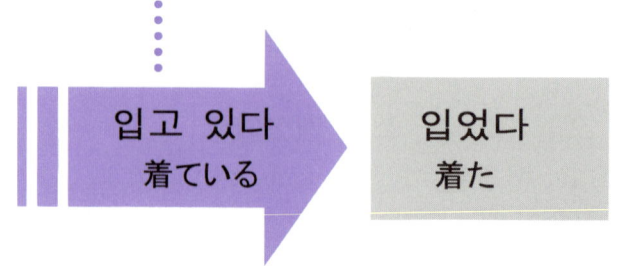

| 입고 있다 | 입었다 |
| 着ている | 着た |

지금 어제 산 옷을 입고 있어.
　今, 昨日買った服を着ているの.
　　　　(例えば→「どう, 素敵に見える?」が続く)
　　　　　　　[着るという動作の結果の継続]

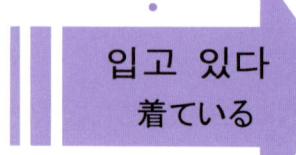

| 입었다 | 입고 있다 |
| 着た | 着ている |

　「着ている」結果,「着た」ことになる,「…している」→「…した」の順序になるのが, 動作の継続進行を表すアスペクトであり,「着た」結果,「着ている」ことになる,「…した」→「…している」の順序になるのが, 動作の結果の継続アスペクトである.

● -요/-이요　…です．…ですか．
[丁寧化の応答語尾．丁寧化の中断語尾]

　質問に対する答えや，「저요?」（私ですか？）のような聞き返し(되물어 보기)に用いる語尾．これを**応答語尾**(응답어미)と呼ぶ．「석우 씨는?」(ソグさんは？)のような場合にも，丁寧にするために「석우 씨는요?」のごとく用いる．これを**中断語尾**(중단어미)と呼ぶことにする．この**丁寧化**の -요/-이요は，基本的に文節(어절〈語節〉)に相当する単位ならほとんどのものに付きえ，当該の文節での**中断を丁寧なものにする**役割を果たす．**文を用言の終止形で終止しないときには，この丁寧化の -요/-이요を用いると丁寧になる**．なお，これらは敬意体にしか存在せず，非敬意体になると現れない．また，語尾なので，形は-요と-이요の2つしかなく，指定詞のような活用はしない．
-요/-이요は丁寧さを印づけるもの，**丁寧化のマーカー**である：

　　얼마나 필요하세요? ― 백만원**이요**.
　　　　いくらお入り用ですか？　――百万ウォンです.
　　　　(こうした応答で指定詞を用いた「백만원이에요.」や
　　　　「백만원입니다.」はやや不自然．「백만원 필요해
　　　　요.」は良い)
　　석우 씨는**요**? 뭐가 필요하세요? ― 컴퓨터**요**.
　　　　ソグさんは？何がお入用ですか？
　　　　――コンピュータです.
　　제가**요**, 사실은**요**, 학교에서**요**… ― 네? 뭐라고요?
　　　　私がですね，実はですね，学校でですね.
　　　　――え？何ですって？

일 다 끝났어요? - 아직이요. - 왜요?
- 시간이 좀 없어서요.
仕事みんな終わりました？- まだです．- どうしてですか？- ちょっと時間がなかったもんですから．

-요	・母音語幹に ・-ㄹ, -ㄴ, -ㅁで終わる語尾類に	저요 저는요 [ㄴ挿入] 그럼요 [ㄴ挿入]
-이요	・子音語幹に	이름이요 백만원이요 사랑이요

-요は母音で終わる単語や, -는/은や-를/을といった, -ㄹ, -ㄴ, -ㅁで終わる語尾類の直後に用いられ, -이요は子音で終わる単語に用いられる. 付き方は実際には若干のゆれが見られる. 子音で終わる책などには책이요のように-이요が付いて, 普通は[채-기-요]と, 3音節で発音される. 책요[채교][챙뇨]のように-요が付いて2音節で発音されることはあまりない. また, 저는요 [저는뇨](私はですね)に見えるように, -요は子音で終わる要素につくときは, ㄴ[n]の挿入が起こりうる.

뭘 샀어요?　　- 이거요.　　発音は[이거요]
何を買ったんですか？　　——これです.
　　　　　　　- 이걸요.　　発音は[이걸료] ＊
　　　　　　　　　　　　　　——これをですよ.
　　　　＊ㄴ[n]の挿入が起こり[이걸뇨], さらに流音化が起こり, [이걸료]となったもの.
　　　　　　　- 책이요.　　発音は[채기요]
　　　　　　　　　　　　　　——本です.

뭐가 중요해요? – 사랑이요.　　発音は[사랑이요]
　　　何が大切ですか？　　　——愛です.

また，次の「정말」のように-요/-이요の付き方や発音にバリエーションがあるものもある：

정말이요?　——　정말요?　　　本当ですか.
[정마리요]　　　[정말료][정마료]

● 하잖습니까（Ⅰ-잖습니까）. 하잖아요（Ⅰ-잖아요）.
　　　　　　　…するじゃないですか.
　하잖아（Ⅰ-잖아）　…するじゃない.
　　　　　　　　　　[同意を要求する確認疑問]

動詞や存在詞について「…するじゃないですか」，形容詞や指定詞について「…じゃないですか」と，話し手が思っていることを否定の疑問形の形をとりながら確認したり，同意を要求したりする. 합니다体より해요体や해体で好んで用いられる. どれも基本的に話しことばで用いられる：

用言	例	Ⅰ-잖아요
動詞	食べるじゃないですか	먹잖아요
存在詞	面白いじゃないですか	재미있잖아요
形容詞	いいじゃないですか	좋잖아요
指定詞	携帯電話じゃないですか	핸드폰이잖아요
	コンピュータじゃないですか	컴퓨터잖아요

母音語幹の後では指定詞の「-이-」が脱落する

어, 이거 폰카잖아.
  お, これカメラつきケータイじゃないの.
이거 핸드폰이잖아요.
  これケータイじゃないですか.
다음주에 제가 한국에 가잖아요.
그 때 그 DVD 사올까요?
  来週, 私が韓国に行くじゃないですか.
  そのとき, そのDVD買ってきましょうか.
어때요, 선물은 이게 좋잖아요?
  ――아, 그런 건 쓸모가 없잖아.
  どうですか, プレゼントはこれがいいじゃないですか.
  ――あ, そういうのは使い道がないじゃん.

会話3　入学年度と専攻を尋ねる

01	석우	실례지만 나이가 어떻게 되세요?
02	지은	저요? 전 스물인데요.
03	지은	석우 씨는 몇 살이신데요?
04	석우	전 스물 하납니다.
05	지은	그럼 학번이 어떻게 되세요?
06	지은	공삼 학번이세요?
07	석우	아뇨, 저 재수를 해서요, 학번은 공사에요.
08	석우	지은 씨는 무슨 과세요?
09	지은	전 일문과에요.
10	지은	석우 씨는 전공이 어떻게 되세요?
11	석우	전 컴퓨터 공학을 전공하고 있습니다.

01	［ソグ］	失礼ですが，おいくつでいらっしゃいますか．
02	［チウン］	私ですか？私は二十歳ですが．
03		ソグさんは何歳ですか？
04	［ソグ］	僕は二十一です．
05	［チウン］	それじゃ，何年度入学でいらっしゃいますか．
06		2003年度入学でいらっしゃいますか．
07	［ソグ］	いいえ，あの1浪しまして，入学年度は2004年です．
08	［ソグ］	チウンさんは何科ですか．
09	［チウン］	私は日文科です．
10		ソグさんは専攻は何でいらっしゃいますか．
11	［ソグ］	僕はコンピュータ工学を専攻しています．

□실례지만		<失禮>- **失礼ですが**
□나이		**年**. 尊敬形は연세<年歲>. 年配の人に対しては「연세가 어떻게 되십니까?」(おいくつでいらっしゃいますか)を使う
□스물		**二十**
□살		…**歳**. 스무살は「二十歳」. 스무は스물の冠形詞形
□같다		[形] **同じだ**. 같은はⅡ-ㄴ連体形
□학번		<學番> **入学年度**. 先輩後輩は学年ではなく, 入学年度を問題にするのが普通
□공삼		<空三> **ゼロ三**. 入学年度は入学した年の下2桁を漢字語数詞で言う. 1999年入学は「구구 학번」. 2003年入学は「공삼 학번」. 2004年入学は「공사 학번」
□재수		<再修> **浪人**.「재수하다」は「一浪する」.「삼수」は「二浪」
□무슨		[冠形詞] **何の**
□일문과		<日文科> [-꽈] **日文科**
□전공		<專攻> **専攻**
□컴퓨터		**コンピュータ**
□공학		<工學> **工学**

会話 4　職業を尋ねる

01	수진	성준 씨는 무슨 일을 하고 계세요?
02	성준	일본하고 무역을 좀 하고 있습니다.
03	성준	수진 씨는 어떤 일을 하고 계시는데요?
04	수진	전 광고 쪽 일을 하고 있어요.

05	수진	성준 씨는 무슨 띠세요?
06	성준	전 개띱니다. 수진 씨는요?
07	수진	전 소띠에요.
08	성준	아니, 저보다 세 살이나 어리시잖아요.

09	성준	수진 씨는 본관이 어디세요?
10	수진	저요? 전 김해 김 씨에요.
11	수진	성준 씨는요? 어디 이 씨세요?
12	성준	전 전주 이 씹니다.
13	수진	히카루 씨, 일본에도 본관이 있어요?
14	히카루	일본은 고향은 있지만 본관이라는 건 없는데요.

01	［スジン］	ソンジュンさんはどんな仕事をなさっておられるんですか．
02	［ソンジュン］	日本との貿易をやっております．
03		スジンさんはどんなお仕事をなさっていらっしゃいますか．
04	［スジン］	私は広告のほうの仕事をやっております．
05	［スジン］	ソンジュンさんの干支(えと)は何ですか．
06	［ソンジュン］	僕は戌年(いぬどし)です．スジンさんは？
07	［スジン］	私は丑年(うしどし)です．
08	［ソンジュン］	あれ，僕より三歳も下じゃないですか．
09	［ソンジュン］	スジンさんの本貫はどこですか．
10	［スジン］	私ですか？私は金海の金(キム)です．
11		ソンジュンさんは？どこの李(イ)さんですか．
12	［ソンジュン］	私は全州の李です．
13	［スジン］	光さん，日本にも本貫がありますか．
14	［光］	日本はふるさとはありますけど，本貫っていうのはありませんね．

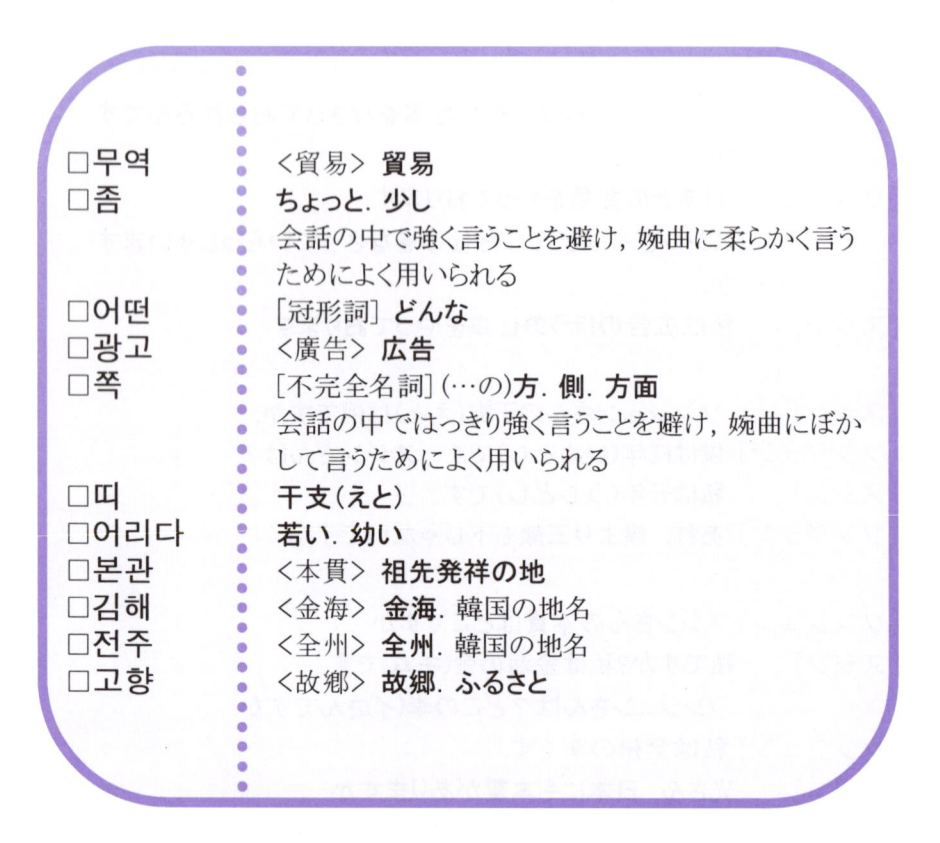

□무역	<貿易> 貿易
□좀	ちょっと. 少し 会話の中で強く言うことを避け，婉曲に柔らかく言うためによく用いられる
□어떤	[冠形詞] どんな
□광고	<廣告> 広告
□쪽	[不完全名詞] (…の)方. 側. 方面 会話の中ではっきり強く言うことを避け，婉曲にぼかして言うためによく用いられる
□띠	干支（えと）
□어리다	若い. 幼い
□본관	<本貫> 祖先発祥の地
□김해	<金海> 金海. 韓国の地名
□전주	<全州> 全州. 韓国の地名
□고향	<故鄕> 故郷. ふるさと

干支（えと）

子	丑	寅	卯	辰	巳	午	未	申	酉	戌	亥
쥐	소	호랑이	토끼	용	뱀	말	양	원숭이	닭	개	돼지
ねずみ	うし	とら	うさぎ	たつ	み	うま	ひつじ	さる	とり	いぬ	いのしし

＊호랑이는 범이라고도 말한다. 돼지는「豚」
＊호랑이는 범이라고도 한다. 돼지는「豚」

＊호랑이는 범이라고도 한다. 돼지는「豚」

会話 5 — どういった御用向きですか:銀行で

01	은행원	어떻게 오셨어요?
02	수진	네, 외국으로 송금을 하고 싶은데요.
03	은행원	얼마 송금하시겠어요?
04	수진	백만원이요.

01 [銀行員]　ご用件, 承りますが.
02 [スジン]　はい, 外国へ送金したいんですが.
03 [銀行員]　いくら送金なさいますか.
04 [スジン]　百万ウォンです.

- □ 은행원　〈銀行員〉 銀行員.「頭取」は「은행장」〈銀行長〉
- □ 외국　〈外國〉 外国
- □ 송금　〈送金〉 送金.「振込み」は「입금」「입금시키다」.「引き出し」は「출금」〈出金〉, あるいは「돈을 찾다」(お金を下ろす).「貸し出し」は「대출」「대출받다」 ちなみに, 暗証番号は「비밀번호」〈秘密番號〉
- □ 백만　〈百萬〉[뱅만] 百万

韓国語のスピーチレベル

　日本語には「です・ます体」のような丁寧な文体のほかに,「だ・である体」というぞんざいな文体がある. 前者は**敬意体**, 後者は**非敬意体**といえよう. 敬体と常体などとも呼ばれる. 同様に, 韓国語にも, 敬意体と非敬意体が存在する：

	敬意体 (丁寧)		非敬意体 (非丁寧)	
日本語	です・ます体		だ体・である体	
韓国語	합니다体	해요体	해体	한다体

　上の表はいずれも動詞하다(する)の形で名づけたものである. これまで出てきた합니다体と해요体は, いずれも丁寧な文体である敬意体に属する. 非敬意体のうち, 해体は目下や同年輩の友人などに用いる話しことば的な文体で, 한다体は文章を書くのに用いる, 書きことば的な文体である.

● 합니다体と해요体

　합니다体と해요体をここで整理してみよう. 합니다体と해요体は次のような形になる：

	합니다体			해요体	
				子音語幹　ㄹ語幹　母音語幹	
	子音語幹	ㄹ語幹	母音語幹	陽母音（辞書形の-다の直前の母音がㅏ,ㅗ)	陰母音（辞書形の-다の直前の母音がㅏ,ㅗ以外)
	Ⅰ-습니다	Ⅱ-ㅂ니다		Ⅲ-요	
				(-아요)	(-어요)
앉다 座る	앉습니다			앉아요	
먹다 食べる	먹습니다				먹어요
보다 見る			봅니다	봐요/보아요	
주다 与える			줍니다		줘요/주어요
알다 知る		압니다		알아요	
멀다 遠い		멉니다			멀어요

●해体

해体では用言の第Ⅲ語基の形そのままで文を終止させる．平叙，疑問，勧誘，命令などの意味をイントネーションで区別する：

	平叙 …する	疑問 …する？	勧誘 …しよう	命令 …しろ
動詞	해(Ⅲ)	해?(Ⅲ?)	해(Ⅲ) 하자(Ⅰ-자)	해(Ⅲ) 해라(Ⅲ-라)
存在詞
形容詞	-(이)야	-(이)야?	なし	なし
指定詞

存在詞の있다は「いる」の意を表す場合にのみ，勧誘と命令の形がありうる．있다が「ある」の意となる場合は，勧誘と命令の表現はない．なお，없다は「いない」と「ない」のいずれも勧誘と命令はない．

	辞書形	平叙	疑問	勧誘	命令
動詞	먹다 (食べる)	먹어 (食べる)	먹어? (食べる?)	먹자 (食べよう)	먹어/먹어라 (食べろ)
	보다 (見る)	봐 (見る)	봐? (見てる?)	보자 (見よう)	봐/봐라 (見ろ)
	가다 (行く)	가 (行く)	가? (行くの?)	가자 (行こう)	가/가라 (行け)
	하다 (する)	해 (する)	해? (する?)	하자 (しよう)	해/해라 (しろ)
	놀다 (遊ぶ)	놀아 (遊ぶ)	놀아? (遊ぶ?)	놀자 (遊ぼう)	놀아/놀아라 (遊べ)
存在詞	있다 (ある.いる)	있어 (ある.いる)	있어? (ある?いる?)	있자 (いよう)	있어/있어라 (いろ)
	없다 (ない.いない)	없어 (ない.いない)	없어? (ない?いない?)		
形容詞	좋다 (いい)	좋아 (いい)	좋아? (いい?)		
	싫다 (いやだ)	싫어 (いやだ)	싫어? (いや?)		
	바쁘다 (忙しい)	바빠 (忙しい)	바빠? (忙しいの?)		
	멀다 (遠い)	멀어 (遠い)	멀어? (遠い?)		
	덥다 (暑い)	더워 (暑い)	더워? (暑い?)		
指定詞	-이다 (…である)	책이야 (本だよ) 친구야 (友達だ)	책이야? (本なの?) 친구야? (友達なの?)		

会話 1 コンサートに誘う

01	석우	뭐 해?
02	민아	응, 인터넷 봐.
03		이것 좀 봐, 내가 좋아하는 가수야.
04		너무 멋있어.
05	석우	그렇게 좋아?
06	민아	그럼. 다음주 토요일에 콘서트가 있어.
07		같이 가자.
08	석우	다음주 주말엔 좀 바빠.
09	민아	뭐야, 데이트라도 있는 거야?
10	석우	글쎄, 그건 비밀이야.

01	［ソグ］	何してんの？
02	［ミナ］	うん, インターネット見てんの.
03		これちょっと見て. 私のお気に入りの歌手なの.
04		すっごく素敵.
05	［ソグ］	そんなに好きなの？
06	［ミナ］	そうよ. 来週の土曜日にコンサートがあるの.
07		一緒に行こうよ.
08	［ソグ］	来週の週末はちょっと忙しいんだよな.
09	［ミナ］	何よ. デートかなんかあるわけ？
10	［ソグ］	うーん, そいつは秘密なんだな.

□인터넷	インターネット
□좋아하다	(-을…が) 好きだ. 좋아하는はⅠ-는の連体形
□가수	〈歌手〉歌手
□멋있다	[形][머싣따] 格好いい. 素敵だ
□콘서트	コンサート
□주말	〈週末〉週末
□바쁘다	[形] 忙しい. (ⅠⅡ) 바쁘-. (Ⅲ) 바빠-. 으活用
□데이트	デート
□글쎄	[間投詞] さあ. まあ
□비밀	〈秘密〉秘密

59

● 한다体

書きことばは基本的にすべて한다体であり,「話すように書く」ときのみ, 敬意体として합니다体や해요体, 非敬意体として해体を用いる:

	話しことば	書きことば
敬意体	합니다体/해요体	(합니다体/해요体)
非敬意体	해体	한다体 (해体)

한다体では次のような形が用いられる:

		平叙 …する. …だ	疑問 …するのか. …か	勧誘 …しよう	命令 …せよ
動詞	子音語幹	Ⅰ-는다	◉Ⅰ-는가	Ⅰ-자	Ⅱ-라
	母音語幹	◉Ⅱ-ㄴ다			
存在詞		Ⅰ-다			
形容詞			◉Ⅱ-ㄴ가	なし*	なし*
指定詞				なし	なし

存在詞のうち,「いる」の意の있다にのみ勧誘, 命令がある.
◉印は, ㄹ[リウル]語幹の用言にはㄹが落ちた形につくことを示す:

    動詞   알다(知る)   안다 (知っている)
                                아는가 (知っているか)
    形容詞 멀다(遠い)   먼가 (遠いのか)

*は, 행복하다(幸せだ)など, 一部의 하다形容詞のみに用いる:
    행복하다   행복하자 (幸せでいよう)
                     행복하라 (幸せになれ)

하루의 시작

일찍 일어난다.
건강을 위해서 아침밥은 꼭
먹는다.
그리고 향기로운 커피를 마신다.
일을 나가기 전에 언제나 하루의
일과를 체크한다.
날씨는 좋은가.
회의는 몇 시인가.
거래처에 가는 날은 아닌가.
잊어버린 서류는 없는가.
문을 열고 밖으로 나온다.
적당한 운동은 건강에 좋다.
웬만한 거리는 언제나 걸어간다.
거리의 표정을 둘러보자.
일을 시작하기 전의 활기찬
표정들이다.
가슴을 펴라.
나의 하루가 시작된다.

- □ 하루 一日
- □ 일찍 早めに
- □ 일어나다 起きる
- □ 건강 〈健康〉 健康
- □ -를/-을 위해서 〈-爲-〉 …のために
- □ 향기롭다 〈香氣-〉 芳ばしい
- □ 일과 〈日課〉 日課
- □ 체크하다 チェックする
- □ 회의 〈會議〉 会議
- □ 거래처 〈去來處〉 取引先
- □ 서류 〈書類〉 書類
- □ 적당하다 〈適當-〉 適当だ
- □ 운동 〈運動〉 運動
- □ 웬만하다 まあまあだ
- □ 거리 〈距離〉 距離
- □ 거리 街
- □ 표정 〈表情〉 表情
- □ 둘러보다 見回す
- □ 활기차다 〈活氣-〉 活気あふれる
- □ 가슴 胸
- □ 펴다 (胸を)張る. 広げる
- □ 시작되다 〈始作-〉 始まる

一日の始まり

早く起きる．
健康のために朝食は必ず食べる．
そして芳ばしいコーヒーを飲む．
仕事に出かける前にいつも一日の日課をチェックする．
天気はいいか．
会議は何時か．
取引先を訪ねる日ではないか．
忘れている書類はないか．
ドアを開けて外へ出る．
適当な運動は健康によい．
ちょっとやそっとの距離はいつも歩いて行く．
街の表情を見渡してみよう．
仕事を始める前の活気あふれる表情である．
胸を張れ．
私の一日が始まる．

제 3 과

● もしもし

電話をする

여보세요?

会話 1　ガールフレンドのチウンの家に電話をする

01	어머니	여보세요?
02	준호	여보세요? 지은이네 집이죠?
03	어머니	네.
04	준호	저 박준호라고 하는데요, 지은이 있으면 좀 바꿔 주시겠습니까?
05	어머니	네, 잠깐만 기다리세요.
06		지은아, 전화 왔는데.
07	지은	저 지금 샤워 중이라서 전화를 받을 수가 없거든요.
08		제가 나중에 다시 걸겠다고 좀 전해 주세요.

01	［母］	もしもし．
02	［チュノ］	もしもし．チウンさんのお宅ですか．
03	［母］	はい．
04	［チュノ］	私パク・チュノと申しますが，チウンさんお願いできますでしょうか．
05	［母］	ええ．ちょっとお待ちください．
06		チウン，電話だけど．
07	［チウン］	私，今シャワー中だから出られないわ．
08		後で私がかけ直すって言って．

□여보세요	[여부세요], [여부세여] もしもし. 電話に出るときの表現.
□-네	(名前につけて)さんの家. 子音語幹の名には -이(→ p.14)をつけ-이네とする
□바꾸다	取り替える. 交換する. (ⅠⅡ)바꾸-. (Ⅲ)바꿔-. 「전화를 바꾸다」は「(電話に出る人が)替わる」. 「돈을 바꾸다」は「お金を崩す」.「お金を両替する」
□잠깐만	ちょっと. しばらく. 잠깐の強調形
□기다리다	待つ
□전화	<電話> 電話
□샤워	シャワー.「샤워를 하다」は「シャワーを浴びる」
□-중	<-中> …するところ. …中
□받다	受ける. 取る. 受け取る. もらう. 「電話に出る」は「전화를 받다」. 「전화에 나오다」とは言わない
□Ⅰ-거든요	…しますから. …するものですから. 先に述べたことがらの根拠を付け加えるのに用いる. また, 話の導入など, 次に述べることの前提を表すのに用いる → 9課
□나중	(時間的な)後. 後ほど. 나중에는「後で」
□다시	[副] もう一度. 再び. また
□걸다	かける.「전화를 걸다」は「電話をかける」. 「옷을 걸다」は「洋服をかける」
□전하다	<傳-> 伝える.「전해 주세요」は「伝えてください」

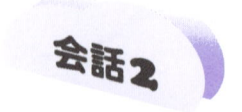

会話 2   久しぶりです. 元気?

01	현우	여보세요?
02	히카루	여보세요? 정현우 씨 핸드폰이죠?
03	현우	네, 전데요.
04	히카루	어, 저 히카룹니다.
05	현우	히카루 씨, 이거 정말 오랜만이네요.
06	히카루	네, 어떻게, 잘 지내고 계십니까?
07	현우	네, 저야 덕분에 잘 지내고 있죠.
08		히카루 씨도 잘 지내고 계시죠?
09	히카루	네, 잘 있습니다.
10		연락도 제대로 못 드리고 정말 죄송합니다.
11	현우	아니에요, 저도 연락도 못 했는데요, 뭐.
12		무소식이 희소식이라는 말도 있잖아요.
13		언제 한번 술이나 한잔 같이 하시죠.

01	［ヒョヌ］	もしもし.
02	［光］	もしもし, チョン・ヒョヌさんのケータイですか
03	［ヒョヌ］	ええ, 私ですが.
04	［光］	あ, 私, 光ですけど.
05	［ヒョヌ］	光さん, ほんと久しぶりですね.
06	［光］	ええ, どうですか, 元気でやってますか.
07	［ヒョヌ］	はい, 私はおかげで元気にやってます.
08		光さんもお元気ですか.
09	［光］	ええ, 元気です.
10		連絡も差し上げられなくて, 本当にすみません.
11	［ヒョヌ］	いやいや, 私も連絡もできませんでしたし, ね.
12		便りがないのがよい便りとも言うじゃないですか.
13		また今度, 一杯やりましょうよ.

□핸드폰	携帯電話
□오래간만	久しぶり.「오래간만이에요」は「久しぶりですね」.「오랜만이에요」とも言う
□지내다	過ごす.「잘 지내다」は「元気だ」「元気に過ごしている」.「잘 있다」とも.「잘 있었어?」「잘 지냈어?」は「元気?」「元気だった?」.「안녕하셨어요?」「잘 지내셨어요?」は「お元気でしたか」
□-야/-이야	[語尾] …こそは. …は. 母音語幹には-야.子音語幹には-이야
□덕분	〈德分〉おかげ. 덕분에는「おかげさまで」
□연락	〈聯絡〉連絡
□제대로	[副] (否定的な意と共に用いて)ろくに. 満足に
□뭐	[間投詞](文の最後につけて) …なのよ. …だよ (文の頭や途中につけて)もう. いや. なに
□무소식	〈無消息〉便りのないこと. 무は「無」. 소식は「便り」
□희소식	〈喜消息〉よい便り. 희は「喜」. 소식は「便り」.「무소식이 희소식이다」は「便りがないことがよいことの便りだ」
□한번	〈-番〉(ためしに)一回. 一度.「언제 한번」(いつ一度)は「また今度」、「いつか一度」の意味で用いられる
□술	酒
□한잔	〈-盞〉軽く飲むお酒.「한 잔」は「一杯」

会話3 電話で伝言を：職場で

01	민희	감사합니다. 삼성물산 강민휘입니다.
02	현우	예, 안녕하세요? 저 현대 자동차의 정현운데요, 이 과장님 계십니까?
03	민희	과장님 지금 자리에 안 계시는데요.
04		말씀 전해 드릴까요?
05	현우	네, 약속대로 네 시까지 찾아 뵙겠다고 좀 전해 주시겠습니까?
06	민희	예, 알겠습니다.

01	［ミニ］	ありがとうございます．三星物産のカン・ミニです．
02	［ヒョヌ］	ええ，こんにちは．私，現代自動車のチョン・ヒョヌですが，イー課長はいらっしゃいますでしょうか？
03	［ミニ］	課長はただ今席を外しておりますが．
04		ご伝言承りましょうか？
05	［ヒョヌ］	ええ，約束通り4時までに伺うとお伝え願えますでしょうか？
06	［ミニ］	はい，かしこまりました．

□삼성물산	〈三星物産〉 **三星物産**
□현대	〈現代〉 **現代**
□자동차	〈自動車〉 **自動車**
□계시다	**居らっしゃる．**있다の尊敬語
□자리	**席．座席．**「席をはずしている」は「자리에 안 계시다」，「자리에 없다」という．「자리를 떠나 있다」「자리에서 떨어져 있다」とはいわない．
□전하다	〈傳-〉 **伝える．**「전해 주다」は「伝えてあげる」．「전해 드리다」は「전해 주다」の謙譲語．「お伝えする」「伝えてさしあげる」．
□약속	〈約束〉 **約束**
□찾아 뵙다	**お伺いする．伺う．**찾아가다「たずねていく」の謙譲語
□알다	**わかる．知る．**指示や命令，依頼に対する改まった応答表現としての「わかりました」「かしこまりました」は「알겠습니다」．「알았습니다」は不自然．くだけた表現としての「わかった」は알겠어や알았어いずれも用いる

文法と表現

● 電話の会話

電話(전화)のコミュニケーション(커뮤니케이션)は機器を通した聴覚にのみ依拠するものであり，表情(표정)や身振り(동작)などが伴わない点で，一般の対話と異なる．また，電話特有の決まった表現が存在する．「カメラ付き携帯」は카메라폰といい，略して폰카という．

● 해 드리다 (Ⅲ 드리다) …してさしあげる．お…する
[謙譲の授受]

「해 드리다」(Ⅲ 드리다)(…してさしあげる)は「해 주다」(Ⅲ 주다)(…してやる)の謙譲形．目上に対して用いる:

| …してさしあげる．お…する | 해 드리다 |

なお，日本語の謙譲形「…させていただく」に相当する形はないので，この「해 드리다」を用いるか，あるいは「제가 하겠습니다.」(私がいたします)を用いる:

| …させていただきます | 해 드리겠습니다 |
| | 하겠습니다 |

| …させていただけますか | 해도 됩니까? |
| | 해 드릴까요? |

　　　　제가 선생님께 말씀 전해 드리겠습니다.
　　　　　　　私が先生にご伝言をお伝えいたします.
　　　　제가 그 가방 들어 드릴까요?
　　　　　　　私がそのかばんをお持ちしましょうか.

　また, 目上の者と行動を共にする場合は, 謙譲語모시다(ご一緒する. お供する. お仕えする)を用いた「제가 모시겠습니다.」(私がご一緒させていただきます)などでも表現する:

　　　　공항까지 제가 모시겠습니다.
　　　　　　　空港まで私にお供させていただけますか.
　　　　　　　空港まで私がお供いたします.

● 할까요? (Ⅱ-ㄹ까요?)
　　　　　　…しましょうか. …するでしょうか. [相談法]
　話し手が思っていることについて聞き手に判断(판단)を仰ぐ形. 主体が話し手であれば,「私が…しましょうか」「私たち…しましょうか」という提案(제안)になり, 主体が第三者であれば,「誰々や何々は(はたして)…するでしょうか」といった, 聞き手の判断を尋ねたり, 話し手の疑念を表すものとなる.

　살다(生きる), 알다(知る)など, ㄹ語幹の用言にはㄹが落ちた第Ⅱ語基につき, 살까요?や알까요?という形になる. 非敬意体は-요がとれた할까?(Ⅱ-ㄹ까?)という形になる. →13課の様々な提案の形も参照:

主体は 話し手	…しましょうか …しようか	전철 역까지 같이 **갈까요?** 駅まで一緒に行きましょうか. 말씀 전해 드릴까요? ご伝言をお伝えいたしましょうか. 예약은 언제로 해 드릴까요? ご予約はいつにいたしましょうか.
主体は 第三者	…するでしょうか …するだろうか	그 사람도 같이 **갈까?** あの人も一緒に行くのかな. 내일은 비가 **올까요?** 明日は雨が降るでしょうかね. 내일 그 친구도 **올까?** 明日, あいつも来るかな.

● **한다体終止形-고 ＋ 引用動詞**
　　　　　　…すると(いう). …だと(いう)[引用]

「…する」という平叙文を引用して「…すると(いう)」のように引用形を作りたければ, 한다形の終止形に接続形語尾-고をつけると引用形の被引用部ができあがる. 被引用部には하다(いう), 그러다(いう:話しことば的), 전하다(伝える)などの**引用動詞**がしばしば後続する. ➡ 引用の形については11課参照.

　　　그건 제가 **한다고** 전해 주세요.
　　　　　　それは私がする(ことになっている)とお伝えください.
　　　그건 수진 씨가 **하고 있다고** 했어요.
　　　　　　それはスジンさんがしていると言いました.
　　　그건 제가 **하겠다고** 그랬는데요.
　　　　　　それは私がする(から)と言ったんですけど.

그건 수진 씨가 **했다고** 했거든요.
それはスジンさんがしたと言ったもんですから.

会話 4

電話で出前を頼む：マンションの10階から新しくできた中華料理屋を見つけて

01	아빠	(창문을 열며) 아, 날씨 좋다.
02		어, 저기 중국집 생겼잖아.
03	민아	아빠, 모르셨어요?
04		생긴 지 얼마 안 됐는데 진짜 맛있어요.
05	아빠	그럼 오늘 점심은 저기서 시켜다 먹을까?
06		(따르르릉)
07	점원	네, 중화각입니다.
08	민아	여보세요, 여기 현대 아파트 4동 1103 혼데요.
09		짜장면 두 개하고 짬뽕 하나만 갖다 주시겠어요?
10	점원	예.
11	민아	저 그리구, 죄송한데요, 단무지 좀 많이 갖다 주세요.
12	점원	예, 알겠습니다.
13	점원	감사합니다.

01	［父］	（窓を開けながら）あ，いい天気だ．
02		あれ？あんなとこに中華料理屋ができてるじゃないか．
03	［ミナ］	お父さん，知らなかったの？
04		できたばかりの店なんだけど，ほんとにおいしいの．
05	［父］	それじゃ，今日のお昼はあそこで出前頼もうか．
06		（ルルル）
07	［店員］	はい．中華閣です．
08	［ミナ］	もしもし，現代マンション4棟の1103号ですが．
09		ジャージャー麺2つとチャンポン1つお願いします．
10	［店員］	はい．
11	［ミナ］	それから，すみませんが，たくあんちょっと多めに持ってきていただけますか．
12	［店員］	はい．わかりました．
13		毎度ありがとうございます．

□창문		<窓門> **窓**
□열다		**開ける**.「창문을 열다」は「窓を開ける」. 「(가게)문을 열다」は「(店の)ドアを開ける」,「その日の商売を始める」,「新しく商売を始める」の意.「문을 닫다」は「ドアを閉める」,「店じまいをする」
□Ⅱ-며		…しながら. …しつつ. …して. 書きことば的な形
□날씨		**天気**. ちなみに「天気予報」は「일기예보」
□중국집		<中國-> **中華料理店**
□생기다		**できる**. 生じる
□Ⅱ-ㄴ 지		…してから. …して以来「-한 지 얼마 안 되다」は「…してから間もない」
□따르르릉		**プルルル**. 電話の呼び出し音を表す擬声語
□시키다		**出前を頼む**. (食堂などで)**注文する**. させる. やらせる.
□중화각		<中華閣> **中華閣**
□짜장면		<-醬麵> **ジャージャー麺**. 標準語では자장면であるが, 話しことばでは짜장면ということが多い
□짬뽕		**チャンポン**
□개		<個> **…個**
□단무지		**たくあん**
□갖다		**持つ**. **所有する**.「갖다 주다」は「持って行ってあげる」,「持って来てくれる」

会話 5

電話で部屋の予約を

01	직원	네, 호텔 롯데월듭니다.
02	가나	여보세요? 예약을 좀 하고 싶은데요.
03	직원	네, 프런트로 연결해 드리겠습니다.
04		잠시만 기다리세요.
05	프런트	네, 프런트입니다.
06	가나	7월 12일부터 14일까지 싱글 룸으로 예약하고 싶은데요.
07	프런트	잠시만요, 네, 예약 가능합니다.

01	［ホテルマン］	はい．ホテル・ロッテワールドでございます．
02	［可奈］	もしもし．予約をお願いしたいんですが．
03	［ホテルマン］	はい．フロントへおつなぎいたします．
04		少々お待ちくださいませ．
05	［フロント］	はい．フロントです．
06	［可奈］	7月の12日から14日まで，シングルで予約をお願いしたいんですが．
07	［フロント］	少々お待ちください．はい，ご予約可能でございます．

- 호텔
- 롯데월드　　ホテル・ロッテワールド．
- 예약　　　　<豫約> 予約．
  「예매」<豫買>は「（チケットなどの）予約」
- 프런트　　　フロント
- 연결하다　　<連結–> つなぐ
- 잠시만　　　<暫時–>しばらくの間．しばらく．잠시の強調形
- 싱글 룸　　シングルルーム
- 가능하다　　<可能–>［形］　可能だ．できる

会話 6

留守番電話

01	자동 응답기	전화를 받을 수가 없어 소리샘으로 연결됩니다.
02		'삐'소리가 나면 말씀하시고 녹음이 끝나시면 별표를 눌러 주세요.
03		'삐'
04	석우	어, 나 석운데, 수업이 좀 늦게 끝나서 지금 출발하거든.
05		도착하면 다시 전화할게.

01 [留守電] ただいま留守にしております。(電話に出られないので留守電につながります)
02 　　　　　'ピー'という発信音が鳴りましたらお話しください。録音が終わりましたら米印を押してください。
03 　　　　　'ピー'
04 [ソグ] あの、俺ソグだけど、授業がちょっと遅く終わって、今出るところ。
05 　　　　　着いたらまた電話するから。

□소리샘	留守番電話のサービス名. 소리は「音」. 샘は「泉」
□연결되다	<連結-> つながる
□자동응답기	<自動應答機> 留守番電話
□소리	音. 声
□나다	出る.「소리가 나다」で「音がする」.「소리가 하다」とは言わないので注意
□녹음	<錄音> 録音
□끝나다	終わる
□별표	<-標> 米印. アスタリスク. 별は「星」
□누르다	押す. 押さえる
□출발하다	<出發-> 出発する
□도착하다	<到着-> 着く
□다시	[副] 再び. もう一度. また

● 電話の表現

電話の一般的な表現

「電話をくれる」は普通「전화를 해 주다」や「전화를 주다」という. 例えば「時間があったら, 電話くれる？」なら「시간이 있으면 전화해 줘」,「시간이 있으면 전화 줘」. 携帯電話の機種変更などで「電話を替える」のは「전화기를 바꾸다」.「電話機を替える」の意.「電話に出る」は「전화에 나오다」とはいわず,「전화를 받다」という.

電話が来たことを知らせる

전화 왔어요　　電話来ましたよ.
　　(전화 있었어요(電話ありました)とは普通いわない.)
전화예요　　　電話です.
전화 받으세요　電話に出てください. 電話とってください
　　(전화 있어요 や 전화에 나와 주세요
　　　전화 집어 주세요 とはいわない.)

電話の状態がよくないとき

소리가 잘 안 들리는데요.
　　　声がよく聞き取れないんですが.
전화가 좀 머네요.
　　　電話がちょっと遠いですね.
전화가 끊어졌나 봐요.
　　　電話が切れたみたいですね.

電話に出てから

여보세요.　　　 もしもし.
　　（電話に出るときの表現. [여부세여]と発音される
　　ことが多い. 여보십시오とはいわない.）

준호 씨 계시면 좀 바꿔 주시겠어요?
　　チュノさんおいででしたら, 替わっていただけますか.

예, 전화 바꿨습니다.
　　はい, お電話替わりました.

지금 통화 괜찮으세요?
　　今, お話してもよろしいですか.

전화 좀 그쪽으로 연결해 주시겠습니까?
　　ではそちらに電話をつないでいただけますか.

이렇게 전화까지 해 주셔서 대단히 감사합니다.
　　このようにお電話まで頂戴し, 恐縮です.

電話を切るとき

그럼 끊을게요. ── 네, 안녕히 계세요.
　　それでは失礼します.── はい, 失礼します.

그럼 끊어. ── 그래, 안녕.
　　それじゃね. ── バイバイ.

제가 나중에 다시 걸겠습니다. /
나중에 다시 전화 드릴게요.
　　後ほど折り返しお電話差し上げます.

죄송합니다만 이따가 다시 걸어 주시겠습니까?
　　申し訳ありませんが, あとでまたかけていただけますか.

電話での伝言

전화 왔었다고 좀 전해 주시겠어요?
   電話があったことをお伝えいただけますか.
말씀 좀 전해 주시겠어요?
   ご伝言をお願いできますでしょうか.
말씀 전해 드릴까요? / 전하실 말씀 있으세요?
   ご伝言はおありでしょうか.
혼다 씨한테서 전화가 왔었어요.
   本田さんからお電話ありました.
끊지 말고 기다리세요.
   切らずにお待ちください.
전화를 안 받을 때는 응답기에 메시지를 남겨 주세요.
   電話に出ない時は留守電にメッセージを入れてください.
제 메시지, 들으셨어요?
   私の留守電, お聞きになりましたか.

● 携帯電話に関わる表現

전파가 별로 안 좋은 것 같아요.
　　　電波があまり良くないみたいですね.
전파가 별로 안 좋은 것 같다.
집 전화로 다시 걸게.
　　　電波がよくないみたいね.
　　　家の電話でかけ直すわ.
선생님 **핸드폰 벨 소리**는 최신 유행 가요네요.
　　　先生の着メロは最新の曲ですね.
핸드폰 벨 소리는 **진동**으로 해 두세요.
　　　携帯電話はマナーモードに設定してください.
제가 보낸 **문자** 확인하셨어요?
　　　私が送ったメール確認なさいましたか.

어, 누나, 이번 **컬러링** 아주 좋은데요. ──
　　　あ, 先輩, 今回の呼びメロはすごいですね.
응, SK(에스케이)텔레콤에서 **다운 받은 거야**.
너두 웬만하면 좀 바꿔라.
　　　うん, SKテレコムからダウンロードしたんだよ.
　　　あなたもいい加減に替えてみたら.

電話の表現 🎧19

전화를 (電話を)

- **하다** する
- **걸다** かける
  - 내일 저한테 전화해 주세요.
    明日, 私に電話してください.
  - 전화 잘못 거셨는데요.
    電話, 間違っておかけになってますよ.
- **연결하다** つなぐ
  - 총무과로 연결해 주세요.
    総務課につないでください.
- **받다** とる
  - 전화 누가 받았어요?
    電話, 誰が出ました?
- **바꾸다** かわる
  - 예, 전화 바꿨습니다.
    はい, お電話替わりました.
- **끊다** 切る
  - 전화 끊어요.
    電話を切りますよ.

전화가 (電話が)

- **오다** 来る
  - 전화 왔어요. 전화 받으세요.
    電話ですね. どうぞお取りください.
- **끊어지다** 切れる
  - 전화가 끊어졌네요.
    電話が切れちゃいましたね.
- **잘 안 들리다** よく聞こえない
  - 전화가 잘 안 들리세요?
    電話がよく聞こえませんか?

제4과 ● ありがとうございました

感謝を表す，感謝に対して応答する

부장님 덕분입니다. 감사합니다.

会話 1
先日はどうも：取引先の部長を訪ねて

01	부장	아니, 이성준 씨, 바쁘실 텐데 여기까지 웬일이십니까?
02	성준	저기요, 지난번에 소개해 주신 일본 업체하고 거래를 시작하게 됐습니다.
03	부장	아이구, 그거 정말 잘됐네요.
04		네, 다 부장님 덕분입니다.
05	성준	뭐라 감사의 말씀을 드려야 될지 모르겠습니다.
06		정말 감사합니다.
07	부장	아유, 별말씀을요.
08		그건 다 이성준 씨가 열심히 뛴 결과죠.

01	［部長］	あ，イー・ソンジュンさん，お忙しいでしょうに，ここまでおいでになるなんて，どうなさったんですか?.
02	［ソンジュン］	あの，この間ご紹介いただきました日本の企業と取引を始めることになりまして．
03	［部長］	おお，それは本当によかったですね．
04	［ソンジュン］	ええ．全部部長のおかげです．
05		何とお礼を申し上げてよいかわかりません．
06		本当にありがとうございました
07	［部長］	いやいや．とんでもないですよ．
08		それは全部イー・ソンジュンさんが頑張って努力した結果でしょう．

□바쁘다	忙しい．(ⅠⅡ)바쁘-．(Ⅲ)바빠-．으活用
□-ㄹ 텐데/-텐데요	…するだろうに．…するでしょうに．推量を伴う前提 ➡ 15課参照
□웬	[冠形詞] どうした．何の．「웬일이야?」は「どうしたの?」．「웬일이세요?」は「どうしました？」．「웬일」の発音では[n]の挿入が起きる．[웬닐]
□업체	<業體> 業者．企業体
□거래	<去來> 取引
□아이구	[間投詞] ああ．あれ
□정말	<正-> 本当．本当に
□덕분	<德分> おかげ．恩恵 덕분에는「おかげで」「おかげさまで」
□뭐라	何と．뭐라고の意
□Ⅱ-ㄹ지 모르다	…するかわからない
□아유	[間投詞] ああ．いや．うーん
□별말씀을요	[별말쓰믈료] とんでもございません．「별-」<別-> は「特別な」．(普通と)「変わった」．(否定とともに用いて)「これといった」の意．「별말씀을 다 하십니다」,「별말씀을요」は「とんでもございません」．「별일이네요」はものごとに対する心配を表明する「おかしなことですね」「変なことですね」．「별일을 다 보겠네요」は「変なこともあるもんですね」で，ものごとにあきれたときなどによく用いられる．「별 일 아니에요」は「何でもありません」
□열심히	<熱心-> 一所懸命に．熱心に．がんばって
□결과	<結果> 結果
□시작하다	<始作-> 始める．始まる
□뛰다	走る．頑張る．뛴は뛰다のⅡ-ㄴ過去連体形

会話2 席をとっておいたよ：大学の図書館で

01	지은	준호 선배, 여기요.
02		왔더니 빈 자리가 별로 없어서, 제가 선배 자리까지 맡아 놨어요.
03	준호	정말? 이거 너무 고마운데.
04		이따가 내가 저녁 때 한턱 낼게.

01 ［チウン］　チュノ先輩, ここですよ.
02 　　　　　　来てみたら空いてる席があんまりないもんだから, 私が先輩の席まで取っときましたよ.
03 ［チュノ］　本当? そりゃほんとありがたいな.
04 　　　　　　後で僕が夕食おごるよ.

□여기요	ここですよ. 여기(ここ)+-요(丁寧化語尾). ➜ 2課 参照 「ここです」という場所を指定する意もあるが，人の呼びかけのときや食堂で注文をするときなどの呼びかけの表現として用いられる.「저기요」も同様
□Ⅲ-ㅆ더니	…したところ. …したら
□비다	空く. 빈は비다のⅡ-ㄴ過去完成連体形. 「자리가 비다」「席が空く」. 「자리 있어요?」は「席空いてますか?」 「席ありますか?」の意
□별로	<別-> (否定と共に用いて) 別に. さほど. 「별로에요」は「いまいちです」「あまりよくありません」の意.
□맡다	引き受ける. 担当する. 「자리를 맡다」は「席を取る」. 「자리를 잡다」ともいう
□Ⅲ 놓다	…しておく. 「맡아 놨어요」は「맡아 놓았어요」の短縮形
□이따가	のちほど. あとで
□저녁	夕方. 夕食
□한턱(을) 내다	[한턱내다] おごる. ご馳走する
□Ⅱ-ㄹ게	…するから. [約束法] ➜ 14課参照

文法と表現

● **感謝の表現**

「ありがたい」という感謝の表現には，漢字語の動詞감사하다や，固有語の形容詞고맙다を用いる．「ありがとうございます」「ありがとうございました」のいずれも「감사합니다」でよいが，後者に「감사했습니다」という形を用いる人もいる．고맙다なら，「ありがとうございました」は「고마웠습니다」となる．また，過去のことについての「ありがとうございました」には「감사했습니다」，「고마웠습니다」が使えるが，**話の現場**でのことについての感謝には**過去形の**「감사했습니다」，「고마웠습니다」**は使わないほうがよい**．고맙다に比べ，감사하다はよりフォーマルな場面での使用が多い．

● **되다（なる）を用いた表現**

第2課で見た「성함이 어떻게 되십니까?」のみならず，되다は様々な表現を構成する．「Ⅰ-게 되다」は「…するようになる」の意：

되다 できる

하면 된다. 하는 데까지 해 보자.
   なせばなる！できるところまでやってみよう.

됐다 結構だ．いらない．大丈夫だ

커피 드릴까요?　　아, 됐습니다.
   コーヒー召し上がりますか．── あ，結構です.
먹을 건 이 정도 가져가면 될까요? - 응, 됐어.
   食べ物はこのぐらい持っていけばいいでしょうか？
       ―うん，いいよ.

잘 되다 うまく行く

일본 업체하고 일이 잘 됐습니다.
　　　日本の業者と仕事がうまく行きました.
그거 정말 잘 됐네요.
　　　それはほんとによかったですね.

-가/-이 되다 …になる

더욱 더 노력하는 현대가 되겠습니다.
　　　より一層努力する「現代」になりたいと存じます.
시험에는 좀 도움이 됐어요?
　　　試験にはちょっとは役に立ちましたか？

-가/-이 어떻게 되다 …が…だ. …にあたる

성함이 어떻게 되세요?
　　　お名前は何とおっしゃいますか.

Ⅰ-게 되다 …**するようになる**.

창립 25 주년을 맞이하게 되었습니다.
　　　創立25周年を迎えることとなりました. ➜ 第1課

Ⅲ-도 되다 …**してもよい**

지금 가도 될까요? – 지금은 좀 곤란한데요.
　　　今, 行ってもいいでしょうか？ ➜ 第5課
　　　――今はちょっと困りますけど.

● 할 뻔했다 (Ⅱ-ㄹ 뻔했다)

　　　　　　（あやうく）…するところだった ［危機脱出］

「할 뻔했다」は「（あやうく）…するところだった」の意で，主として過去形で用いる：

　　　그게 없었으면 정말 큰일날 뻔했어.
　　　　　あれがなかったらほんとに大変なことになるとこだった.
　　　하마터면 죽을 뻔했어.
　　　　　危うく死ぬとこだったよ.

● 했으면 (Ⅲ-ㅆ으면) …したら. …したんだったら. ［仮定］

했으면(Ⅲ-ㅆ으면)は「…したら」「…したんだったら」の意の接続形. 仮定を表す.「했으면 좋겠다」(…したらよいのに. …してほしい)の形で多用される：

　　　석우 씨를 소개해 주셨으면 좋겠어요.
　　　　　ソグさんをご紹介いただきたいのですが.
　　　조금 더 늦게 갔으면 못 만날 뻔했어.
　　　　　もうちょっと遅れてたら, 会えないところだった.
　　　수진 씨, 왔으면 왔다고 말을 해야지.
　　　깜짝 놀랐잖아.
　　　　　スジンさん, 来てるんだったら, 来たって言ってくれなくちゃ. びっくりしたじゃないの.

● 하긴(요) (Ⅰ-긴(요))

　　　　　　…だなんて. …するなんて. ［引用への驚き］

하긴(Ⅰ-긴)は하기는(Ⅰ-기는)の縮約形. 相手の言うことを受けて「…だなんて(そんな).」「…するなんて(とんでもない)」と, 相手のこと

ばを受け入れながらも否定する表現. 丁寧にするには2課で見た丁寧化の-요をつける. 긴요の発音は[n]の挿入が起こり, [긴뇨]:

어젠 정말 고마웠어요. – **고맙긴요.**
　　　昨日はほんとうにありがとうございました.
　　　――ありがとうだなんて(とんでもありませんよ).
한국말을 너무 잘 하시네요. – **잘하긴요.**
　　　韓国語がとてもお上手ですね.
　　　――上手だなんて(とんでもありませんよ).

● 하다니 (Ⅰ-다니)

　　　　　　　　…するとは. …するなんて. …だとは.
　　　　　　　　[評価判断の対象を表す接続形]

하다니(Ⅰ-다니)は「…するとは(…だ)」のように, 評価や判断を下す対象となることがらを表す接続形. 하다니(Ⅰ-다니)には基本的に後ろに話し手の評価が伴う. なお, 「…するとは大変だ/すごい/ひどい/残念だ」など, 後半の評価の表現を言語上で表さないこともあるが, 話し手の評価の表現であることには変わりはない:

자리까지 맡아 주다니	정말 고맙다
席まで取ってくれるなんて	実にありがたい
評価対象	**評価**

내 자리까지 **맡아 주다니** 정말 고맙다.
　　　私の席まで取ってくれるなんて, ほんとにありがたい.
도움이 됐다니 다행이다.
　　　役に立ったのなら幸いだ.

약속을 **안 지키다니** 말도 안 돼.
   約束を守らないなんて, 話にならん.
이렇게 추운데 **외출하다니**.
   こんなに寒いのに外出するなんて.

　一般的な引用に接続形-니がついた한다니(下称終止形＋니)とは別の形であることに注意. 한다니のほうは「…するというので」「…するというから」の意. →11課「引用接続形」参照

会話 3 　　本を貸してくれた友人に

01	민아	저번주에 너한테서 빌린 책, 너무 잘 봤어.
02	지은	시험엔 좀 도움이 됐니?
03	민아	그럼, 그 책을 안 봤으면 큰일날 뻔 했어.
04		정말 고마워.
05	지은	고맙긴. 그래두 도움이 됐다니 다행이다.
06		근데, 몇 점이었어?
07	민아	아―, 그건 묻지 말아 줘.

01 [ミナ] 　先週貸してくれた本, 本当に助かった.
02 [チウン] 　試験に少しは役に立った?
03 [ミナ] 　もちろん. あの本読まなかったら, 本当に大変なことになるところだったわ.
04 　　　　　ほんとありがとう.
05 [チウン] 　ありがとうだなんて. でも役に立ったんなら, うれしいな.
06 　　　　　それで, 何点だったの?
07 [ミナ] 　あー, それは聞かないでよ.

□저번주	<-番週> [-쭈] 先週.「지난주」とも
□빌리다	借りる. 빌린은 빌리다의 Ⅱ-ㄴ 過去完成連体形.「貸す」は「빌려주다」
□너무	あまりに. とても
□시험	<試驗> 試験.「試験を受ける」は「시험을 보다」「시험을 치다」.「시험을 받다」とは言わない
□큰일	大変なこと.「큰일나다」で「大変なことになる」.「큰일났다」は起きた事件に遭遇した場合に発する, 間投詞的な表現.「大変だ」.「큰일이다」は問題を抱え, 心配して言うときの「大変だ」
□그래두	でも. 그래도のソウル方言形.
□도움	助け. 援助
□다행이다	<多幸-> 幸いだ. 運がいい. よかった.「よかった」は「잘됐다」とも言う.「다행하다」という形はない
□점	<點> 点.「몇 점」[며쩜]は「何点」
□묻다	聞く. 尋ねる. (Ⅰ)묻-. (Ⅱ)물으-. (Ⅲ)물어-. ㄷ変格
□Ⅰ-지 말다	…しないで. …するな

会話4　大謝恩セール

〈사은 선물 대잔치〉

01	방송	항상 저희 상품을 애용해 주셔서 진심으로 감사드립니다.
02		여러분의 뜨거운 성원에 힘입어 창립 25주년을 맞이하게 되었습니다.
03		더욱 더 노력하는 '현대'가 되겠습니다.

〈大謝恩セール〉

01　[放送]　毎度弊社の商品をご愛用いただき，厚くお礼申し上げます．
02　　　　　みなさまの熱いお引き立てにあずかり，創立 25 周年を迎えることとなりました．
03　　　　　更にいっそう努力を重ねていく"現代"になりたいと存じます．

□사은	<謝恩> 謝恩	
□선물	<膳物> プレゼント. 贈り物	
□대잔치	<大-> 大パーティー	
	대は「大きい」. 잔치は「宴会」,「パーティー」	
□방송	<放送> 放送	
□항상	<恒常> 常に. いつも	
□저희	私ども. 私たち. 우리の謙譲語	
□상품	<商品> 商品	
□애용하다	<愛用-> 愛用する	
□진심	<眞心> 真心. 진심으로は「心から」	
□여러분	みなさん	
□뜨겁다	熱い. 뜨거운は뜨겁다のⅡ-ㄴ連体形. ㅂ変格	
□성원	<聲援> 声援	
□힘	力.「힘(을)입다」は「人の助けを得る」,「力を借りる」,「恩恵を受ける」	
□창립	<創立> 創立	
□-주년	<周年> (漢字語数詞について)…周年	
□맞이하다	迎える	
□더욱	もっと. さらに	
□더	もっと. さらに.「더욱 더」は「より一層」	
□노력하다	<努力-> 努力する	

제 5 과

● 写真撮ってもいいですか?

許可を得る

두 분 사진을 좀 찍어도 될까요?

会話 1　ケータイカメラで二人を撮る:近所の公園で

01	히카루	수진 씨랑 민희 씨, 두 분 사진을 좀 찍어도 될까요?
02	수진	히카루 씨, 카메라 가지고 계셨어요?
03	히카루	아뇨, 이걸로 찍고 싶은데 괜찮으세요?
04	민희	어머, 좋아요, 폰카잖아요.
05	히카루	네, 디카폰이라서 예쁘게 나올 겁니다.
06		자, 찍습니다. (찰칵)
07	민희	저 그 핸드폰 좀 봐도 돼요?
08		여기 붙이신 이 스티커 사진은….

09		수진 씨잖아요.
10	수진/히카루	아니, 그게 아니라…
11	민희	세상에, 두 분이 이런 사이신 줄 몰랐어요.

01 ［光］　　スジンさんとミニさんのおふたりの写真を撮らせてもらってもいいですか.
02 ［スジン］　光さん, カメラを持って来てたんですか.
03 ［光］　　いいえ, これで撮りたいんですけど, いいですか.
04 ［ミニ］　あら, いいですよ, ケータイカメラじゃないですか.
05 ［光］　　ええ, デジタルカメラつきのケータイだから, きれいに撮れると思いますよ.
06 　　　　　さあ, いきますね.(カシャッ)
07 ［ミニ］　あの, そのケータイちょっと見ていいですか?
08 　　　　　ここに貼ってあるプリクラは….
09 　　　　　スジンさんじゃないですか.
10 ［スジン・光］　いや, そうじゃなくて….
11 ［ミニ］　あらまー, お二人がこんな仲だとは知りませんでしたね.

☐ -랑/-이랑	[体言語尾] …と. …とか. …や. 母音語幹には -랑, 子音語幹には-이랑. 話しことばで用いる
☐ 사진	<寫眞> **写真**
☐ 찍다	**撮る**. **写す**. 「사진을 찍다」「写真を撮る」
☐ 카메라	**カメラ**. 「사진기」<寫眞機> ともいうが, やや古い表現
☐ 가지다	**持つ**. 「所持する」「所有する」いずれの意でも用いられる. (ⅠⅡ)가지-. (Ⅲ)가져-
☐ 폰카	**カメラつきケータイ**. 폰카は「핸드폰 카메라」の短縮形
☐ 디카폰	**カメラつきケータイ**. 디카폰は「디지털 핸드폰 카메라」の短縮形で「デジタルハンドフォンカメラ」の意
☐ 예쁘다	[形] **きれいだ. かわいい**. (ⅠⅡ)예쁘-. (Ⅲ)예뻐-. 으活用
☐ 나오다	**出る. 出てくる**. 「사진이 나오다」は「写真(の現像)ができ上がる」「写真が写る」
☐ Ⅱ-ㄹ 것이다	**…するだろう. …すると思う**. 「할 거다」は話しことば形. 話しことば形の해요体は「할 거에요」. 합니다体は「할 겁니다」 →15課参照
☐ 찰칵	[副] **カシャッ**. シャッター音を表す擬声語
☐ 붙이다	**貼る. つける. くっつける**. 붙다は「つく」
☐ 스티커 사진	<-寫眞> **プリクラ**. 「ステッカー写真」の意
☐ 세상에	<世上-> [間投詞] **あらまあ. 実に. 一体**. 세상は「世の中. 世間」
☐ 사이	(人間関係の)**仲. 間柄**. (空間的, 時間的な)**間. 間隔**

会話2　図書館のカウンターで

01	겐	저기 죄송한데요. 좀 여쭤 봐도 될까요?
02	직원	네.
03	겐	자료를 좀 찾고 싶은데, 외국인도 들어갈 수 있습니까?
04	직원	네, 신분증을 보여 주시면 열람하실 수 있습니다.
05	겐	가방을 가지고 들어가도 됩니까?
06	직원	그건 안 되는데요.
07	직원	가방은 왼쪽의 보관함에 넣어 두셔야 돼요.
08	겐	예, 알겠습니다.

01	[健]	あの, すみません. ちょっと伺ってもよろしいですか.
02	[職員]	はい.
03	[健]	ちょっと資料を探したいんですが, 外国人も入れますか?
04	[職員]	ええ, 身分証明書があれば閲覧できますよ.
05	[健]	かばんの持ち込みも構いませんか?
06	[職員]	それはだめなんですが.
07		かばんは左側にあるロッカーに入れておかないといけません.
08	[健]	はい, わかりました.

□ 여쭈다	伺う. 묻다の謙譲語. (ⅠⅡ)여쭈-. (Ⅲ)여쭈어-(書)/여쭤-(話)
□ 자료	<資料> 資料
□ 찾다	探す. 求める. 見つける. 「돈을 찾다」は「お金を下ろす」. 「사전을 찾다」は「辞書を引く」
□ 외국인	<外國人> 外国人
□ 들어가다	入って行く. 入る
□ 신분증	<身分證> [-쯩] 身分証明書
□ 열람하다	<閲覽-> 閲覧する
□ 왼쪽	左側. 「右側」は오른쪽
□ 보관함	<保管函> ロッカー. 「保管箱」の意

文法と表現

● 許可の表現

「…してよいか」「…してよい」という許可(허가)を求める表現に使われる主要なパターンを見よう. (1)のような直接的に許可を求める形, (2)のような可能/不可能を表す形, (3)のような願望を表す形などを用いて許可を求めることができる. また, これらの表現は疑問文では許可を求め, 平叙文では許可を与える表現になる:

(1)直接的な形		
해도 되다	(Ⅲ-도 되다)	…してもよい
하면 안 되다	(Ⅱ-면 안 되다)	…してはだめだ
하는 건 안 되다	(Ⅰ-는 건 안 되다)	…するのはだめだ
해도 괜찮다	(Ⅲ-도 괜찮다)	…してもかまわない
(2)可能/不可能の形		
할 수 있다	(Ⅱ-ㄹ 수 있다)	…することができる
할 수 없다	(Ⅱ-ㄹ 수 없다)	…することができない
(3)願望の形		
하고 싶다	(Ⅰ-고 싶다)	…したい

좀 여쭤 봐도 될까요?
　　　　ちょっとお伺いしてもよろしいでしょうか.
여기서 책을 주문하는 건 안 돼요?
　　　　ここで本を注文するのはだめなんでしょうか.
지금 거기 가도 괜찮아요?
　　　　今, そちらに行ってもかまいませんか.

지금 들어갈 수 있습니까?
　　　　今, 入れますか.
이 스웨터 좀 입어 보고 싶은데요.
　　　　このセーターをちょっと着てみたいんですが.
사진을 찍고 싶은데 괜찮으세요?
　　　　写真を撮りたいんですが, かまいませんか.

● 해도 되다 (Ⅲ-도 되다) …してもよい. ［許可］
「해도 되다」(Ⅲ-도 되다)は「…してもよい」. 文末表現を様々に変えてヴァリエーションを作る：

사진 좀 찍어도 될까요?
　　　　写真ちょっと撮ってもいいですか？
이 컴퓨터 좀 써도 돼?
　　　　このコンピュータ, ちょっと使っていい？
전화 좀 써도 돼요?
　　　　お電話お借りしてよろしゅうございますでしょうか.
그 모임을 이번주 금요일로 미뤄도 되겠습니까?
　　　　その集まりを今週の金曜日に延期してもかまいませんか.
이 팸플릿, 가져가도 되죠?
　　　　このパンフレット, いただいてもいいですよね.
　　　　(ここでは「가져도 되죠?」「받아도 되죠?」も可)

● 할 수 있다/없다 (Ⅱ-ㄹ 수 있다/없다)
　…することができる/できない. …しうる/しえない.
[可能/不可能]
　수は不完全名詞で,「すべ」「手段」の意.「할 수 있다/없다」は文字通りには「…するすべがある/ない」の意:

　　　저도 거기 **들어갈 수 있습니까**?
　　　　　　私のような者でも, そこに入れますか.
　　　그런 건 **있을 수 없는** 일이야.
　　　　　　そんなことはありえないことだぞ.
　　　이 장학금은 누구든지 **신청할 수 있어요**?
　　　　　　この奨学金は誰でも申請できるのでしょうか.
　　　오늘은 **할 수 있는** 데까지 해 보죠.
　　　　　　今日はやれるところまでやりましょう.
　　　아무래도 이번엔 저희는 **참가할 수 없습니다**.
　　　　　　どうしても今回は私どもは参加できません.
　　　지은 씨, 다음에 또 **볼 수 있겠어요**?
　　　　　　チウンさん, 今度また会えそうですか?

● 하다가 (Ⅰ-다가). 하다 (Ⅰ-다)
　…していて. …する途中で. …していると. [中途. 中断]
　「…していて, その途中で」の意. ある動作を中断して, 別の動作に移ったり, 動作の中途で別の動作が起こる場合に用いる. Ⅰ-다가はⅠ-다という形でも用いられる.
　Ⅰ-다가, Ⅰ-다が形容詞に用いられる頻度は少なく, 하다(する)はもちろん, 그러다(そうする), 이러다(こうする), 있다(いる)などの動詞や存在詞に用いる頻度が高い:

학교에 가다가
学校に行く途中で

편의점에 들렸다
コンビニに寄った

학교에 **가다가** 편의점에 들렸어요.
　　　学校に行く途中でコンビニに寄りました.
　　　(가고や가서は使えない)

오늘 아침에 학교 **오다가** 옛날 친구를 만났거든.
　　　今日の朝, 学校に来るとき, 昔の友達に会っちゃってさ.
　　　(오고は使えず, 와서は「学校に来て学校で」の意となる)

영화를 **보다가** 눈물을 흘렸다.
　　　映画を見て(いる最中に), 涙を流した.
　　　(보고は「見終わって」の意. 봐서は使えない)

그러다가 감기 들어. 빨리 옷부터 입어.
　　　そんなことしてると風邪引くぞ. さっさと服着ろよ.

우리 **이러다** 큰일나겠다. 대책을 세우자.
　　　俺たちこんなんじゃ大変なことになるぞ. 対策をたてよう. *이러다(こうする)のⅠ-다

　上の例のように, 하다가(Ⅰ-다가)の後ろには別の動作を表す表現が後続するが, しばしば「하다가 말았다」のように, 後続の動詞

には말다(やめる)が好んで用いられる:

그 책은 너무 재미없어서 **읽다가 말았어요**.
　　その本はあまりに面白くなくて途中で読むのやめちゃったんですよ.
그건 내가 **읽다 만** 책이야.
　　それは私が読みかけてやめた本だよ.

● 할까(요) (Ⅱ-ㄹ까(요))
　　　　…するでしょうか. …しましょうか. [相談法]
　話し手が主体なら,「私が…しましょうか」, 聞き手や第三者が主体なら,「(果たして)…するでしょうか」の意. いずれにせよ, 話し手が聞き手に判断をゆだねる述べ方となる. -요がとれた할까(Ⅱ-ㄹ까)は非敬意体で,「…するだろうか」「…しようか」. Ⅱ-ㄹ連体形同様, ㄹ語幹の用言では알까요(知っているでしょうか), 살까요(暮らすでしょうか)のように, ㄹが落ちた形につく:

어때, 우리 같이 사진 **찍을까**?
　　どうだい, 一緒に写真撮ろうか.
여기서 사진 찍어도 **될까요**?
　　ここで写真を撮ってもいいでしょうか.
분할로 해 **드릴까요**?
　　分割にいたしましょうか.
지금 가면 수진이가 학교에 **있을까요**?
　　今行ったら, スジンが学校にいるでしょうかね?

● 할 줄(로/을) 알다 (Ⅱ-ㄹ 줄(로/을) 알다)
（たぶん）…するだろうと思う．…するものとばかり思っている．［思い込み］
할 줄 모르다 (Ⅱ-ㄹ 줄(을) 모르다)
…するとは思わない．…するとは想像もしない．［思い込み・意外］

「할 줄 알다」は，「…するだろうと思う」「…するものとばかり思っている」の意で，話し手の主観的な思い込み，予測を表す．「할 줄 모르다」は「…するとは思わない」「…するとは想像もしない」の意で，話し手の想像外であることを表す．主として過去の形で用いられる．줄は「（…する）すべ」ほどの意の不完全名詞：

벌써 왔어? 더 늦게 **올 줄 알았는데**.
　もう来たの．もっと遅く来ると思ってたのに．
내가 시험에 **떨어질 줄 알았지**?
　私が試験に落ちると思ってたんでしょ？
니가 결혼했을 줄은 꿈에도 몰랐어.
　あなたが結婚しているなんて，夢にも思わなかったわ．

なお，「할 줄(을) 알다」の形で「…することができる」，「할 줄(을) 모르다」で「…することができない」という，技能などについての可能／不可能を表すのにも用いられる：

개는 한국어 **할 줄 알아**?
　あの子，韓国語話せるの？
저는 자전거 **탈 줄 몰라요**.
　私は自転車に乗れないんですよ．

会話3 着てみていいですか：デパートで

01	수진	저기요, 이 청바지 좀 입어 보고 싶은데요.
02	점원	네, 이쪽 탈의실에서 입어 보세요.
03	수진	이 스웨터도 입어 봐도 돼요?
04	점원	네, 근데 화장을 하셨으면 탈의실에 있는 페이스 커버를 사용해 주시겠어요?
05		(갈아입어 보고 나서)
06	수진	이걸로 주세요.
07	점원	네, 감사합니다.
08	수진	계산은 카드로 해 주시겠어요?
09	점원	네, 일시불로 해 드릴까요? 분할로 해 드릴까요?
10	수진	3개월 분할로 해 주세요.

01	［スジン］	あのー, このジーパンちょっとはいてみたいんですけど.
02	［店員］	ええ. こっちの試着室でどうぞ.
03	［スジン］	このセーターも着てみていいですか?
04	［店員］	はい, ところでお化粧なさってましたら, 試着室にあるフェイスシートをお使いになっていただけますか?
05		(着替えた後で)
06	［スジン］	これいただけますか.
07	［店員］	ありがとうございます.
08	［スジン］	支払いはカードにしていただけますか.
09	［店員］	ええ. 一括払いにしましょうか, 分割払いにしましょうか.
10	［スジン］	3回の分割払いにしてください.

□청바지	<青-> **ジーパン**. 청자켓は「ジーンズのジャケット」. 청치마は「ジーンズのスカート」. ちなみに, 바지は「ズボン」. 반바지は「短パン」. 카디건は「カーディガン」. 잠바は「ジャンバー」. 코트は「コート」
□입다	**着る**. (ズボンやスカート類を)**はく**. ただし「靴下をはく」は「양말을 신다」. 「靴をはく」は「구두를 신다」. ちなみに,「반지를 끼다」は「指輪をはめる」.「시계를 차다」は「時計をする」.
□탈의실	<脱衣室> **脱衣室**. **試着室**. 「시착실」<試着室>とは普通言わない
□스웨터	**セーター**
□화장	<化粧> **化粧**.「화장을 하다」は「化粧をする」.「화장을 지우다」(化粧を消す)「化粧を落とす」
□페이스 커버	**フェイス・カバー**. **フェイス・シート**
□사용하다	<使用-> **使う**. **使用する**
□갈아입다	**着替える**. 갈아신다は(靴下などを)「履き替える」. 갈아타다は(電車などを)「乗り換える」
□I-고 나서	**…してから**. **…した後で**
□계산	<計算> **計算**. 店などで言う계산하다は「支払う」,「勘定する」の意.「계산해 주세요」は「お勘定お願いします」
□일시불	<一時拂> **一括払い**. **一回払い**.「일괄 지불」(一括払い)とは言わないので注意
□분할	<分割> **分割払い**. 할부<割賦>ともいう. 韓国語では普通,「何回の分割払い」と言わず,「何ヶ月の分割払い」と表現する. すなわち,「3개월 분할」,「6개월 분할」

会話4　パソコン貸してくれる？：大学の研究室で

01	민아	언니, 메일 좀 체크하고 싶은데 이 컴퓨터 좀 쓰면 안 돼?
02	선배	써도 되긴 되는데, 아까 내가 쓰다가 만 게 떠 있을 텐데.
03	민아	끄지 않고 내려 놓고 쓸게.

01　[ミナ]　先輩, ちょっとメールをチェックしたいんだけど, このパソコン使っちゃだめ?
02　[先輩]　いいことはいいけど, さっき私の使いかけのが(画面に)出てると思うけど.
03　[ミナ]　消さないで下に(画面下のタスクバーに)下ろしといて使うから.

□체크하다	チェックする
□쓰다	使う．(ⅠⅡ)쓰-．(Ⅲ)써-．으活用
□Ⅰ-다(가) 말다	(ある行動を)…する途中でやめる．「쓰다가 만」は「使いかけの」．「먹다가 만」は「食べかけの」「읽다가 말고」は「読むのをやめて」
□아까	さっき
□뜨다	浮く．浮かぶ． (ⅠⅡ)뜨-．(Ⅲ)떠-．으活用． 「화면이 뜨다」は「画面が出る」． 「화면에 뜨다」は「画面に出る」． ちなみに，テレビの「画面が出る」は「화면이 나오다」
□Ⅱ-ㄹ 텐데(요)	…するだろうに．…するでしょうに． 推量を伴う前提 ➡ 15課参照
□끄다	(火や画面，電気などを)消す (ⅠⅡ)끄-．(Ⅲ)꺼-．으活用
□내리다	降ろす．下げる

제 6 과

● お願いしてもよろしいでしょうか

依頼する

좀 가르쳐 주시겠어요?

会話 I ちょっと教えていただけませんか

01	마키	학교 숙제루요, 한국의 시를 하나 조사해 가야 하는데요.
02		어떤 게 좋을지 좀 가르쳐 주시겠어요?
03	준호	음, 윤동주의 '서시(序詩)'는 어때요?
04	마키	'서시'요?
05		네, 한국에서는 모르는 사람이 없을 정도로 아주 유명한 시에요.
06	준호	식민지 시대의 고통과 희망이 하늘, 바람, 별 같은 아름다운 단어들로 표현되어 있죠.
07		아, 마침 제가 지금 윤동주의 시집을 가지고 있는데.

08	마키	어머, 그럼 좀 보여 주세요.
09	준호	여기요.
10	마키	죄송한데요, 한번 낭독해 주실 수 있으세요?
11	준호	제가요? 어디 그럼 한번 읊어 볼까요?

01	[真紀]	学校の宿題でですね、韓国の詩を一つ調べて行かないといけないんですけど.
02		どんなのがいいかちょっと教えていただけませんか.
03	[チュノ]	うーん、尹東柱(ユン・ドンジュ)の'序詩'はどうですか.
04	[真紀]	'序詩'ですか.
05	[チュノ]	ええ、韓国では知らない人はいないほどの、とっても有名な詩ですよ.
06		植民地時代の苦しみや希望が空、風、星といった美しい単語で表わされてるんですよ.
07		あ、ちょうど私が今尹東柱の詩集を持ってますけど.
08	[真紀]	あ、だったらちょっと見せていただけますか.
09	[チュノ]	どうぞ.
10	[真紀]	すみませんが、ちょっと朗読していただけますか.
11	[チュノ]	私がですか. どれ、それじゃ試しに読んでみましょうか.

□숙제	<宿題> 宿題.「숙제루요」는「숙제로요」(宿題でですね)のソウル方言形. -요/-이요は丁寧化
□시	<詩> 詩
□조사하다	<調査-> 調べる. 調査する
□가르치다	教える
□정도	<程度>[副] 程度. くらい. ほど
□유명하다	<有名->[形] 有名だ
□식민지	<植民地>[싱민지] 植民地
□시대	<時代> 時代
□고통	<苦痛> 苦しみ. 苦痛
□희망	<希望> 希望
□하늘	空. 天
□바람	風.「바람이 불다」는「風が吹く」
□별	星
□아름답다	[形] 美しい. (Ⅰ)아름답-. (Ⅱ)아름다우-. (Ⅲ)아름다워-. ㅂ変格
□표현되다	<表現-> 表現される. 表される
□마침	[副] ちょうど. ちょうどいいところに
□시집	<詩集> 詩集
□한번	<-番> 一度. 一回. ちょっと. ちなみに「1回, 2回…」のときは「한 번」と分かち書きする
□보이다	[他動詞] 見せる. [自動詞] 見える
□낭독하다	<朗讀-> 朗読する
□어디	どこ. (間投詞としても用いて)どれ
□읊다	詠む.「시를 읊다」는「詩を吟ずる」「詩を詠む」

서시(序詩)

윤동주 (尹東柱)

죽는 날까지 하늘을 우러러
한 점 부끄럼 없기를
잎새에 이는 바람에도
나는 괴로워했다.
별을 노래하는 마음으로
모든 죽어가는 것을 사랑해야지.
그리고 나한테 주어진 길을 걸어가야겠다.

오늘 밤에도 별이 바람에 스치운다.

序詩
尹東柱（ユン・ドンジュ）

死に行く日まで天を仰ぎ
一点の恥ずかしさなきことを
葉にそよぐ風にも
私は苦しんだ
星を歌う心で
すべての死に行くものを愛さねば
そして私に与えられた道を歩き行かねば
今夜も星が風に吹かれている

文法と表現

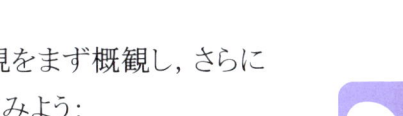

● 依頼の表現

「…してくれ」という依頼(의뢰)の様々な表現をまず概観し, さらに重要なものを詳しく見てみよう. 해요体で見てみよう:

해 주세요　　(Ⅲ 주다)　…してください

죄송합니다만 여기서 잠깐 기다려 주세요.
　　　申し訳ございませんが, こちらでしばらくお待ちください.

해 주시겠어요?　(Ⅲ 주시겠다)　…していただけますか

그 책 좀 보여 주시겠어요? その本、ちょっと見せていただけますか.

해 주시면 안 돼요? (Ⅲ 주시면 안 되다) …していただくわけにはいきませんか

거기에 같이 가 주시면 안 돼요?
　　　そこに一緒に行っていただくわけにはいきませんか.

해 주면 좋겠는데요 (Ⅲ 주면 좋겠다) …してもらいたいのですが

저기까지 같이 가 주시면 좋겠는데요.
　　　あそこまで一緒に行ってくだされればうれしいんですが.

해 줬으면 해요 (Ⅲ 줬으면 하다) …してもらえればと思います

원고는 다음주 월요일까지 보내 주셨으면 합니다.
　　　原稿は来週の月曜日までにお送りいただければと存じます.

● 해 주다 (Ⅲ 주다) …してくれる. …してやる. [授受]

「…してやる」「…してくれる」の意. 主語を替えて「…してもらう」の意でも用いることができる. なお,「해 받다」という文法的な形はない. 하세요(Ⅱ-세요)や하십시오(Ⅱ-십시오)という形は**単なる命令**なので, 目上にとって利益になるような内容以外は, 普通は目上に対しては用いない.「해 주십시오」,「해 주세요」,「해 줘」などのように, 주다(くれる. やる)を命令形にすると,「…してください」「…してくれ」という**依頼の表現**になる.：

	日本語	韓国語	
	話し手が	話し手が	
非謙譲	…してやる	해 주다	非謙譲
謙譲	…してさしあげる	해 드리다	謙譲

제가 내일까지 연락해 드리겠습니다
私が明日までにご連絡いたします.

	日本語	韓国語	
	聞き手や第三者が	聞き手や第三者が	
非謙譲	…してやる	해 주다	非謙譲
謙譲	…してさしあげる	해 드리다	謙譲

오빠가 민아한테 영어를 가르쳐 줬어요
お兄さんがミナに英語を教えてやりました.

	日本語		韓国語	
	話し手が	聞き手や第三者が		
非謙譲	…してもらう	해 주다	非尊敬
謙譲	…していただく	해 주시다	尊敬

히카루 씨가 저한테 일본어를 가르쳐 주셨어요.
私は光さんに日本語を教えてもらいました.
　＝　光さんが私に日本語を教えてくれました.

	日本語		韓国語	
	聞き手や第三者が	聞き手や第三者が		
非謙譲	…してもらう	해 주다	非尊敬
謙譲	…していただく	해 주시다	尊敬

석우 씨한테도 히카루 씨가 일본어를 가르쳐 주셨죠?
　ソグさんも光さんから日本語を教えていただいたんでしょう.

	日本語		韓国語	
	聞き手や第三者が	聞き手や第三者が		
非尊敬	…してくれる	해 주다	非尊敬
尊敬	…してくださる	해 주시다	尊敬

가나 씨가 제 생일 선물로 일본어 책을 사 주셨어요.
　可奈さんが私の誕生日のプレゼントに日本語の本を買ってくださいました.

また，日本語の「…させていただく」は場合によって，いくつかを使い分ける必要がある：

韓国語では

(話し手が)
해 드리다
…してさしあげる　[謙譲]

日本語

(話し手が)
…させていただく
[謙譲]

(話し手が)
하겠다
…する　[非謙譲・非尊敬]

(聞き手や第三者が)
(저한테) 시켜 주시다
(私に)させてくださる　[尊敬]

その仕事は私がさせていただきます．
●
그 일은 제가 해 드리겠습니다．
その仕事は私がいたします(してさしあげます)．
그 일은 제가 하겠습니다．
その仕事は私がします．
그 일은 저한테 시켜 주세요．
その仕事は私にさせてください．

● 해 드리다 (Ⅲ 드리다) …してさしあげる. [謙譲の授受]

「해 주다」の謙譲形. 目上の人に「…してさしあげる」「…いたす」「…させていただく」の意:

  이, 삼일 안으로 배달해 드리겠습니다.
    2, 3日のうちに配達させていただきます.
  가만히 있지 말고 선생님 좀 도와 드려.
    ぼっとしてないで, 先生のお手伝いをしてさしあげなさい.
  할머니 방 좀 치워 드려야 돼.
    おばあさんの部屋をちょっと片付けてさしあげなきゃだめだよ.

「걱정을 끼쳐 드리다」(ご心配をおかけする)のように, 意図的でない行いを表す動詞と共に「お…する」の意でも用いる:

  언제나 걱정만 끼쳐 드려서 죄송합니다.
    いつもご心配ばかりおかけいたし, 申し訳ございません.

● **尊敬と丁寧のしくみ**

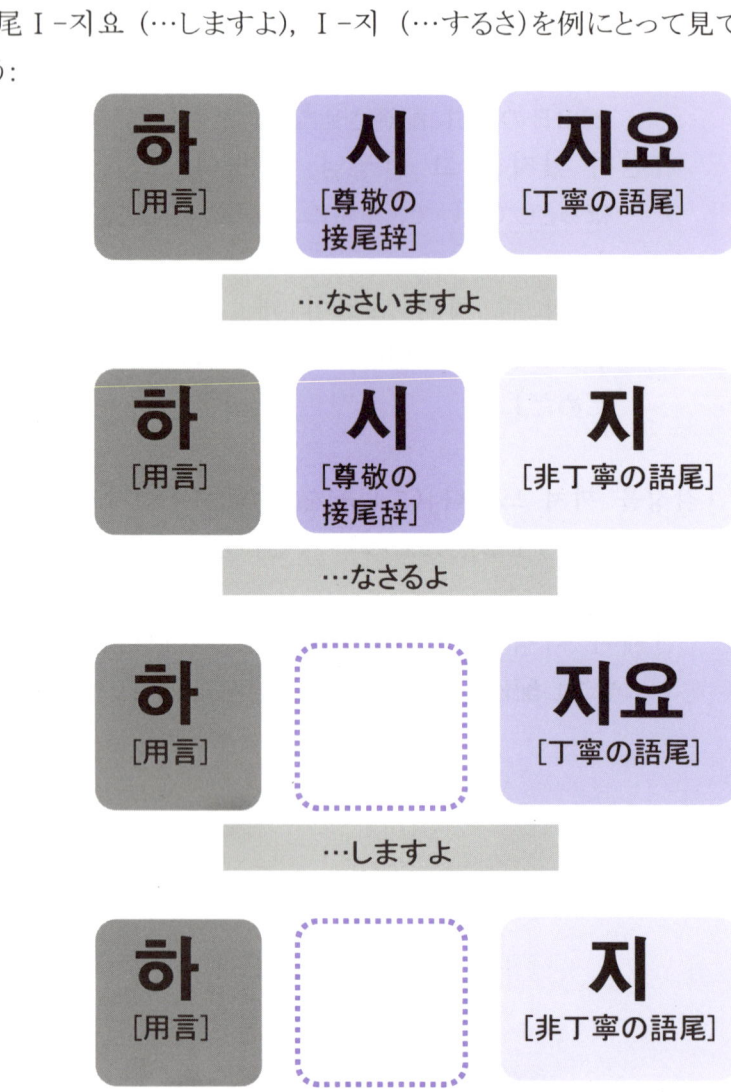

　尊敬と丁寧は区別しなければならない．韓国語では，**尊敬**は主として接尾辞Ⅱ-시-が担い，**丁寧**は文末の語尾が担う．確認法の語尾Ⅰ-지요（…しますよ），Ⅰ-지（…するさ）を例にとって見てみよう：

| 하 [用言] | 시 [尊敬の接尾辞] | 지요 [丁寧の語尾] |

…なさいますよ

| 하 [用言] | 시 [尊敬の接尾辞] | 지 [非丁寧の語尾] |

…なさるよ

| 하 [用言] | □ | 지요 [丁寧の語尾] |

…しますよ

| 하 [用言] | □ | 지 [非丁寧の語尾] |

…するよ

● 했으면 좋겠다/고맙겠다(Ⅲ-ㅆ으면 좋겠다/고맙겠다)
　　…してくれるとうれしい．…してもらいたい．［希望］
「…してくれたらうれしい」の意．「했으면 하다」の形なら「…してくれたらと思う」の意になる．「…していただきたい」，「…してもらいたい」もこの表現で表すことができる．

　　　　집까지 배달해 주셨으면 좋겠는데요．
　　　　　　家まで配達してくださったら，ありがたいんですが．
　　　　다음주까지 신청을 해 주셨으면 좋겠어요．
　　　　　　来週までにご申請いただきたいですね．
　　　　도서관에서 자료를 찾아 줬으면 정말
　　　　고맙겠는데요．
　　　　　　図書館で資料を探してくれたら，ほんとに嬉しいんですけど．
　　　　예, 부장님께 그렇게 전해 주셨으면 합니다．
　　　　　　はい，部長にそのようにお伝えいただければと存じます．

● 할래(요)．(Ⅱ-ㄹ래(요))
　　　　　　　　　　　　　　　　　…するよ．…したい．
　할래(요)？　(Ⅱ-ㄹ래(요)?)
　　　　　　　　…したいですか．…しませんか．［意向法］
平叙形は「…したい」「…するよ」「うん，やるやる」という積極的な意向を示す気持ちを表す．疑問形の場合は相手の意向を尋ね，とりわけ勧誘や依頼をする場合によく用いられる：

오늘 점심 같이 **먹을래요**?
　　今日, お昼一緒に食べませんか.
그 방에 있는 책 좀 **갖다 주실래요**?
　　あの部屋にある本, ちょっと持ってきてもらえますか.
방 청소는 내일 **할래요**.
　　部屋の掃除は明日します.

会話2　部屋の片付け:家で

01	누나	이따가 손님 오시는데 방 좀 정리해 줄래?
02	석우	어, 알았어.
03		잡지는 책꽂이에 좀 꽂아 줘.
04	누나	신문은 잘 접어서 보관함에 넣어 두구.
05		그리구 책상 위도 좀 치워 줬으면 좋겠는데.
06	석우	아, 정리할 게 진짜 많네.

****

| 07 | 누나 | 정리 안 하고 너 거기 앉아서 뭐 해? |
| 08 | 석우 | 응, 뭐부터 치울까 순서부터 정리하고 있어. |

01	［姉］	後でお客さんがいらっしゃるんだけど，この部屋ちょっと片付けてくれる？
02	［ソグ］	あ，いいよ．
03	［姉］	雑誌は本棚に入れてちょうだい．
04		新聞はきれいに畳んで，箱に入れといて．
05		それから机の上もちょっと片付けてほしいんだけど．
06	［ソグ］	あ，やることが多すぎるな．

* * * * *

| 07 | ［姉］ | 片付けないで，あんたそこに座って何してるの? |
| 08 | ［ソグ］ | うん，何から片付けようか，順番から整理してるの． |

- □ 이따가 　　　［副］後で．後ほど
- □ 손님 　　　お客さん．お客様
- □ 정리하다 　　＜整理－＞片付ける．整理する
- □ 책꽂이 　　　＜冊－＞ 本棚．
  　　　　　　　－이は道具類を表わす名詞を作る造語接尾辞
- □ 꽂다 　　　差し込む．挿す．
  　　　　　　「책을 꽂다」は「本を(本棚に)入れる」
  　　　　　　「本を(本棚に)挿す」
- □ 접다 　　　畳む．(平らなものを)折る
- □ 보관함 　　＜保管函＞保管箱
- □ 치우다 　　片付ける．どける．始末する
- □ 순서 　　　＜順序＞順番．手順

会話3 マンションの管理室へ電話する

01	현우	저기, 206 호실인데요, 여기 2 층 복도 전기가 나갔거든요.
02		전등 좀 갈아 끼워 주시면 안 될까요?
03	경비실	예, 금방 가 보겠습니다.

01 ［ヒョヌ］ あの, 206号室ですけど, この2階の廊下の電気が切れちゃってるんですが.
02 ちょっと電球をとり替えていただけませんか?
03 ［管理室］ はい. すぐ参ります.

- □ 복도 　　　〈複道〉 **廊下**. 낭하〈廊下〉とは普通言わない
- □ 전기 　　　〈電氣〉 **電気**.「전기가 나가다」「불이 나가다」は(寿命などで)「電球が切れる」「停電する」.「전기가 들어오다」,「불이 들어오다」は「(停電や壊れていた)電灯がつく」,「停電から電気がつく」.「電気をつける」は「**불을 켜다**」.「電気を消す」は「**불을 끄다**」.「電気がつかない」は「불이 안 들어오다」,「불이 안 켜지다」
- □ 전등 　　　〈電燈〉 **電灯**
- □ 갈아 끼우다 　**取り替える**. 갈다は「替える」,「取り替える」. 끼우다は「はめる」「はめ込む」
- □ 경비실 　　〈警備室〉 **警備室**. **守衛室**. **管理室**.「수위실」〈守衛室〉とも言う

제 7 과

● 休んだほうがいいですよ

助言をする

휴식을 취하시는 게 좋겠어요

会話 1

内科医で

01	의사	어떻게 오셨습니까?
02	지은	감기에 걸린 것 같거든요.
03	의사	증상이 어떠세요?
04	지은	오한이 나구요, 열도 좀 있는 것 같아요.
05	의사	입을 크게 벌려 보세요.
06		아, 목도 좀 많이 부어 있네요.
07		약을 지어 드릴 테니까 그걸 드시고 충분한 휴식을 취하도록 하세요.
08		그리고 주사를 맞으시는 게 좋겠습니다.

01	［医者］	どうなさいました？
02	［チウン］	風邪を引いたみたいなんですが.
03	［医者］	どういう症状ですか?
04	［チウン］	寒気がして, 熱もあるみたいです.
05	［医者］	口を大きく開けてみてください.
06		あ, 喉もかなり腫れてますね.
07		お薬出しときますから, それを飲んで, 十分休んでください.
08		それから注射も打ったほうが, よさそうですね.

□감기	<感氣> **風邪**	
□걸리다	**かかる. ひっかかる.**	
	「감기(에)걸리다」「감기(가)들다」は「風邪を引く」	
□Ⅰ-거든요	**…しますから. …するものですから.** ことがらの根拠や次に述べることの前提を表す➡9課参照	
□증상	<症狀> **症状**	
□오한	<惡寒> **寒気. 悪寒**	
	「오한이 나다」,「오한이 들다」は「寒気がする」	
□나다	**出る. なる. 生じる.** 나구요は나고요のソウル方言形. 接続形語尾-고はソウルではしばしば[구]と発音される	
□열	<熱> **熱.**「열이 있다」は「熱がある」. 「열이 나다」は「熱が出る」	
□입	**口**	
□벌리다	**あける. 広げる.**「입을 벌리다」は「口をあける」. 「입을 열다」は話を始めるために「口を開く」こと	
□목	**首. 喉**	
□붓다	**腫れる. むくむ.**「목이 붓다」は「喉が腫れる」. (Ⅰ)붓-. (Ⅱ)부으-. (Ⅲ)부어-. ㅅ変格. なお, 他動詞で「注ぐ」の意の同音異義語もある	
□약	<藥> **薬.**「薬を飲む」は「약을 먹다」. 「약을 마시다」とは言わない	
□짓다	**作る. (ご飯を)炊く. (薬を)処方する.** 「약을 짓다」は「薬を処方する」	
□충분하다	<充分-> [形] **十分だ. 足りる**	
□휴식	<休息> **休憩**	
□취하다	<取-> **取る. 選択する.** 「휴식을 취하다」は「休憩を取る」. 「수면을 취하다」は「睡眠を取る」	
□주사	<注射> **注射**	
□맞다	**合っている. 当たる. (注射を)打ってもらう.** 「주사를 맞다」は「注射を打ってもらう」	

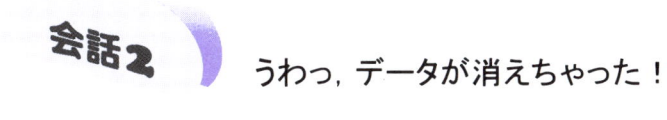

会話 2 うわっ、データが消えちゃった！

01	민아	으아, 큰일났다.
02	석우	왜 그래?
03	민아	잘못해서 데이터를 다 날려 버렸어.
04	석우	메모리 스틱이나 하드 디스크에 저장 안 했어?
05	민아	응, 깜빡 잊고 저장도 안 했는데…
06	석우	하하, 민아의 과거가 다 날아간 셈이네.
07	민아	뭐야, 지금 농담할 때가 아니라구.
08	석우	알았어, 너무 당황하지 말구 재기동시켜 봐.
09	석우	어딘가 자동적으로 저장이 돼 있을 거야.
10		다음부터는 꼭 저장하면서 작업하도록 해, 알았지?

01	［ミナ］	うわ，やっちゃった！
02	［ソグ］	どうしたの？
03	［ミナ］	間違ってデータが全部飛んじゃったわ．
04	［ソグ］	メモリーかハードディスクに保存しなかったの？
05	［ミナ］	うっかりして保存もしてないのに．
06	［ソグ］	はは，ミナの過去が全部吹っ飛んだってことか．
07	［ミナ］	何なのよ，今，冗談言ってる場合じゃないってば．
08	［ソグ］	わかったよ，あんまり慌てないで再起動してみて．
09		どこかに自動で保存されてるはずだからさ．
10		今度からちゃんと書き込みしながら作業するようにしてよ，いい？

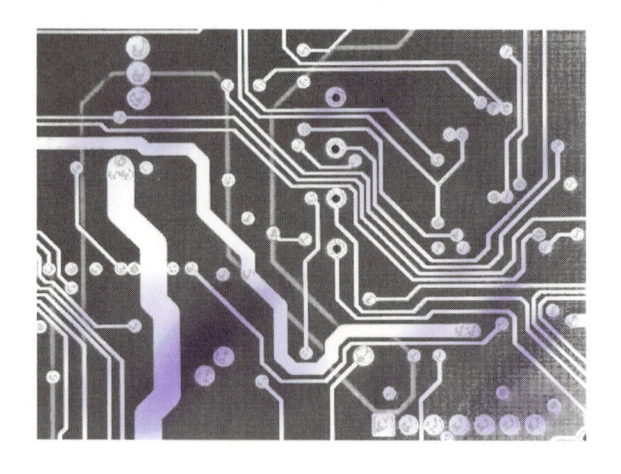

□ 큰일	大変なこと. 重大なこと. 「큰일(이)나다」は「大変なことが起こる」. 「큰일났다」は「大変だ」.「큰일이다」は「(心配ごとがあるときなどに)大変なことだ」
□ 왜 그래?	どうしたの？
□ 잘못하다	間違う. 誤りを犯す. 잘못해서は「間違って」,「うっかりして」
□ 데이터	データ
□ 날리다	飛ばす. なくす. 날다は「飛ぶ」. 날아가다は「飛んでいく」
□ 메모리 스틱	メモリー・スティック
□ 하드 디스크	ハードディスク
□ 깜박	うっかり.「깜박하다」は「うっかり忘れる」
□ 저장하다	<貯藏-> (コンピュータで)保存する. 貯蔵する.
□ 셈이다	(連体形の後で)…のわけだ.
□ 농담하다	<弄談-> 冗談を言う. 「농담을 말하다」とは普通いわない
□ 당황하다	<唐慌-> 慌てる. 戸惑う
□ 재기동 시키다	<再起動-> 再起動する.「껐다 켜다」(消してからつける),「리부팅하다」(rebooting)とも言う. なお시키다は「…させる」. ちなみに,「컴퓨터를 켜다」は「コンピュータを立ち上げる」.「컴퓨터를 끄다」は「コンピュータを切る」.「글자가 깨지다」(文字が壊れる)は「文字化けする」. 「프린트(를)하다」,「프린트(를)뽑다」(プリントを引き抜く)は「プリントアウトする」,「印刷する」
□ 어딘가	どこか
□ 자동적	<自動的> 自動的
□ 다음	次. 次の. 後. 다음부터는は「これからは」,「今度からは」,「次からは」
□ 꼭	[副] きっと. 必ず. 是非
□ 작업하다	<作業-> 作業する

文法と表現

● **助言の表現**

助言をするには次のようなパターンがよく用いられる．해요体で見てみよう：

> 하는 게 좋아요.
> 　　…するのがよいですね．…したほうがいいですね
> 하는 게 나아요
> 　　…するほうがいいですね．…したほうがいいですね
> 하는 게 어때요?
> 　　　　…するのはどうですか．
> 하면 좋잖아요?
> 　　　　…すればいいじゃないですか．
> 하도록 하세요.
> 　　　　…するようにしてください．

● 하는 것이 좋다/어떻다（Ⅰ-는 것이 좋다/어떻다）
　　　…するのがよい．…するのはどうだ．　［助言］

하는(Ⅰ-는)は現在既定連体形．しばしば現在連体形とも呼ばれる．것이は話しことばでは게が普通．助言に多用されるこの形は，좋다(良い)の他に，形容詞낫다(より良い．ましだ)，어떨까요?(どうでしょうか)などを用いた，様々なバリエーションがある：

　　주사를 맞으시는 게 좋겠습니다.
　　　　注射を打ってもらうのがいいですよ.

무리하지 마시고 휴식을 취하시는 게 어떨까요?
　　　ご無理なさらず, 休息をとられたらいかがでしょうか.
운동 좀 해 보시는 게 어때요?
　　　ちょっと運動でもなさったらどうですか.
그냥 솔직히 말씀드리는 게 낫지.
　　　そのまま率直に申し上げる方がいいよ.

● 하도록（Ⅰ-도록）
　　…するように. …するまで. …するほど. ［到達. 志向］
하도록（Ⅰ-도록）は行いなどが「ある程度に到達するまで」,「到達することを目指して」の意を表す接続形.「하도록 해라/하세요」など, 하다(する)の命令形を伴った形は「…するようにしなさい/してください」という婉曲な命令で, 助言などにも用いる:

다음부터는 이런 식으로 **작업하도록** 하세요.
　　　今度からはこういうふうに作業するようにしてください.
편지 부치는 거 **잊어버리지 않도록** 해.
　　　手紙を出すのを忘れないようにしろよ.
내일은 **늦지 않도록** 조심하세요.
　　　明日は遅れないように, 気をつけてください.
어제는 밤 **새도록** 공부를 했다.
　　　昨日は夜が明けるまで勉強した.

● 해 있다（Ⅲ 있다）
　　　　　　　　　…している. ［結果の継続. アスペクト］
「목이 부어 있다」(のどが腫れている)に用いられる「해 있다」(Ⅲ 있다)は,「腫れる」という動作の結果が残って継続していることを示している. この「해 있다」(Ⅲ 있다)は日本語では概ね「…して

いる」に訳しうる。この形になりうるのは自動詞だけで、ほとんどの他動詞はこの「해 있다」(Ⅲ 있다)形を持たない。例えば、他動詞 열다(あける)には「열어 있다」という形はなく、自動詞 열리다(あく)には「열려 있다」(あいている)がある：

맨 앞 자리에 **앉아 있는** 사람이 지은 씨에요.
　　一番前の席に座っている人がチウンさんですよ。
데이터는 피시 안에 **들어 있어요**.
　　データはパソコンの中に入ってますよ。
창문이 **열려 있어서** 좀 춥네요.
　　窓が開いてて、ちょっと寒いですね。

ただし、日本語の「…している」がすべてこの「해 있다」形になるわけではない。動作の継続進行をあらわす「…しつつある」の意の「…している」は、「하고 있다」(Ⅰ-고 있다)であることに注意。つまり「…しつつある」で言い換えうる「…している」にはこの「해 있다」(Ⅲ 있다)形は使えないのである。→2課：「하고 있다」(Ⅰ-고 있다)形：

형은 벌써 집에 **와 있어요**. 전화 바꿀까요?
　　兄さんはもう家に帰ってますよ。電話代わりましょうか？
　　(＝「帰って来てもうここにいる」の意)「해 있다」(Ⅲ 있다)
형은 지금 집에 **오고 있어요**. 아까 전화가 왔거든요.
　　兄さんはいま家に向かってますよ。さっき電話が来たんです。
　　(＝「家に来つつある」の意)「하고 있다」(Ⅰ-고 있다)

- 하잖아요?(Ⅰ-잖아요?). 하잖아?(Ⅰ-잖아?)
 …するじゃないですか. …するでしょう?
 …するじゃない. …するだろう? [確認疑問. 同意の要求]

　「…するじゃないですか」のように, 話し手の思っていることに聞き手の同意を要求する形. 2課で見たが, ここで更に用例を見よう. 形の上では「하지 않아요?」(Ⅰ-지 않아요?)の短縮形. -요をとって하잖아?(Ⅰ-잖아?)とすると, 非敬意体「…するじゃない」「…するだろう?」となる. また, 話のはじめに来る「있잖아요」は「あのですね」のような, 前置き表現として用いることもある. 基本的には話しことばで用いられる形:

　　　왜요? 이번엔 그 친구도 출장 **가잖아요**?
　　　　どうしてですか? 今回はあの人も出張に行くでしょう?
　　　전철 역 옆에 테니스장이 새로 **생겼잖아요**.
　　　　駅の隣にテニスコートが新しくできたじゃないですか.
　　　아이, 너무 시끄러워서 공부가 안 **되잖아**.
　　　　もう, うるさくって勉強ができないじゃないか.
　　　어떻게 하죠? 지금 이만 원밖에 **없잖아요**.
　　　　どうしましょう? 今, 2万ウォンしかないじゃないですか.
　　　저, **있잖아요**. 사실은요. 제가요…
　　　　あのですね. 実はですね. 私がですね…

- 하는 거 있지(요) (Ⅰ-는 거 있지(요))
　　　　(何と)…するんですよ.
 한 거 있지(요) (Ⅱ-ㄴ 거 있지(요))
　　　　(何と)…したんですよ.　　[感嘆の報告]

これは「…するのあるでしょう？」や「…したのあるでしょう？」のような文字通りの意味でも用いられるほか、「(何と)…するんですよ．したんですよ」といった，話し手の体験を，感嘆を込めて報告するのにも用いられる．있지요は普通，短縮形있죠で用いる：

　　　정신이 없어서 핸드폰을 **잃어버린 거 있죠**．
　　　　ばたばたしてて，何と携帯を忘れちゃったんですよ．
　　그때 그 사람, 저한테 그런 말 **하는 거 있죠**. 좀 심하지 않아요?
　　　　そのとき，あの人，私にそういうこと言うんですよ．
　　　　ちょっとひどくないですか．

● 하는 것 같다（Ⅰ-는 것 같다）
　　…するみたいだ．…するようだ．
　　　　　　［非過去様相についての近似像］
　한 것 같다（Ⅱ-ㄴ 것 같다）
　　…したみたいだ．…したようだ．
　　　　　　［過去様相についての近似像］
　この形は「連体形＋것 같다」という結合からなる形で，何らかの様子について話し手が近似的な判断を述べるのに用いる．ことがらをはっきりした輪郭を持って記述するのではなく，どこまでも「概ねこれこれである」という述べ方．「할 것이다」(…するだろう)のような，話し手の推量や，「하겠다」(…しそうだ)のような話の現場における話し手の判断とは異なって，様相がそのようにあるという，客観主義的な述べ方で，「하는 것 같았다」(…するようだった)のように過去形も作ることができる．話し手自身のことについて述べると，話し手自身を対象化して，傍観者的に見ているような述べ方になる．「것」

は話しことばでは「거」という形になることも多い．第Ⅲ語基「같아」
は話しことばではしばしば「같애」という形になる：

> 저, 감기에 **걸린 것 같애요**.
>> 私，風邪引いちゃったみたいなんですよ．
> 오빠는 열도 **있는 것 같거든요**.
>> 兄さんは熱もあるみたいです．
> 준호는 지은이가 맘에 **든 것 같앴어**.
>> チュノはチウニが気に入ったみたいだったよ．

● 할 것 같다 (Ⅱ-ㄹ 것 같다)
　　…するみたいだ．…すると思う．…しそうだ．
　　　　　　　［非現場的様相についての近似像］

「連体形＋것 같다」という結合からなる形に予期連体形할(Ⅱ
-ㄹ)を用いると，話の現場で見えていることや話し手の体験を根拠
にして，これから起こるであろうことや話の現場にないことについて，
「…するみたいだ」「…すると思う」と述べることになる：

> 이러다가 감기에 **걸릴 것 같애요**.
>> こんなことしてたら，風邪引きそうですよ．
> 수진 씨, 지금 집에 **있을 것 같은데요**.
>> スジンさん，今家にいると思いますけど．
> 내일은 비가 **올 것 같죠**?
>> 明日は雨が降りそうですね．
> 이번 시험은 굉장히 **어려울 것 같은데**.
>> 今度の試験はとても難しそうだけどな．

会話3 　ごみの分別収集

01	가나	저, 죄송한데요, 쓰레기 분리 수거 날짜 좀 가르쳐 주시겠어요?
02		제가 이사하느라고 정신이 없어서 안내문을 그만 잃어버린 거 있죠.
03	주인	네, 음식물 쓰레기는 화요일, 금요일이구요, 종이류 같은 일반 쓰레기는 월요일이에요.
04		그리구 병이나 캔 같은 재활용 쓰레기는 매달 첫 번째하고 세 번째 수요일이구요.
05		되도록이면 아침에 내다 놓는 게 좋아요.
06		그리구 잘 분리해서 제 날짜에 버리셔야 하구요.
07		저희 아파트는 쓰레기 분리 수거가 꽤 까다로운 편이거든요.

01	［可奈］	あの，すみません，ごみを出す日にちをちょっと教えていただけませんでしょうか．
02		私，引越しの準備で忙しくて，うっかり説明のチラシをなくしてしまったんです．
03	［大家］	そうですか，生ごみは火曜日，金曜日で，紙類のような一般ごみは月曜日ですよ．
04		それからビンやカンなどの資源物は毎月一週目と三週目の水曜日です．
05		できれば，朝，出しといた方がいいですね．
06		それからきれいに分けて，決まった日に捨てないといけません．
07		このアパートはごみの分別収集がかなりうるさいもんですから．

□쓰레기	ごみ
□분리 수거	＜分離收去＞ 分別収集
□날짜	日にち
□이사하다	＜移徙-＞ 引っ越す
□정신	＜精神＞ 精神．気．「정신이 없다」は「気が気でない」、「無我夢中だ」
□안내문	＜案內文＞ 説明のチラシ
□그만	［副］つい
□잃다	なくす
□음식물	＜飲食物＞［음싱물］食べ物．「음식물 쓰레기」は「生ごみ」음식は「食べ物」
□종이	紙
□-류	＜-類＞ …類
□같은	(体言につけて) …のような．…みたいな．
□일반	＜一般＞ 一般
□그리구	［接続詞］そして．그리고のソウル方言形
□병	＜瓶＞ 瓶
□-나/-이나	…か．…も．…や．母音語幹には-나, 子音語幹には-이나
□캔	缶．"can"
□재활용	＜再活用＞ 再活用．「재활용 쓰레기」は「資源物」「リサイクルごみ」の意．
□매달	＜每-＞ 毎月．「毎年」は매년．「毎週」は매주．「毎回」は매번
□-번째	＜-番-＞ …番目．…度目
□되도록이면	［副］できれば．되도록は「なるべく」、「できるだけ」
□내다	出す．通常、「ごみを出す」は「쓰레기를 내다」とは言わない．「쓰레기를 내다 놓다」、「쓰레기를 내놓다」(ごみを出しておく)、「쓰레기를 버리다」(ゴミを捨てる)という．「내다 놓다」は「Ⅲ-다 놓다」という形．ちなみに、「書類を出す」は「서류를 내다」

□분리하다	<分離-> 分離する. 分ける
□제	［冠形詞］正しい. 「제 날짜」は「決められたその日」
□버리다	捨てる.「쓰레기를 버리다」は「ゴミを捨てる」, 「ゴミを出す」. 「휴지를 버리다」は「紙くずを捨てる」.
□아파트	マンション
□꽤	かなり. 非常に
□까다롭다	［形］ややこしい. 厳しい. うるさい. （Ⅰ)까다롭-. (Ⅱ)까다로우-. (Ⅲ)까다로워- ㅂ変格
□편	<便> 方(ほう). 側(がわ)

会話 4

髪型ちょっと変えようかな…

01	지은	머리 모양을 좀 바꿔 보려고 하는데.
02	민아	어떻게 하고 싶은데?
03	지은	파마를 할까, 커트를 할까 고민 중이야.
04	민아	지금 단발의 생머리가 잘 어울리니까, 파마는 안 하는 게 좋을 것 같은데.

01 ［チウン］　髪形変えようと思ってるんだけど.
02 ［ミナ］　　どんなふうにしたいの？
03 ［チウン］　パーマかけるか, カットしちゃおうかって悩んでるの.
04 ［ミナ］　　今のセミロングのストレートの髪がよく似合ってるから, パーマはかけないほうがよさそうだけど.

□머리	頭. 髪
□모양	<模樣> 形. 様子.「模様」の意味はない. 「模様」は무늬. 「머리 모양」は「髪型」,「ヘアスタイル」
□바꾸다	変える. 交換する
□어떻게	[어떠케] どのように
□파마	パーマ.「파마를 하다」は「パーマをかける」
□커트	カット
□고민	<苦悶> 悩み. 고민하다は「悩む」
□중	<中> 中. 間. 途中
□단발	<斷髮> セミロング. おかっぱ髪. 「단발머리」ともいう
□생머리	<生-> 通常[쌩머리]と発音. ストレートヘア. パーマをかけていない自然な髪
□어울리다	似合う. ふさわしい

칠

제8과

● 後で送ればよかったのに

後悔を述べる

나중에 보낼 걸 그랬어요

会話 1

電車からケータイでメールを送ったはいいけれど

01	민아	으아, 어떡해?
02	지은	왜 그래?
03	민아	지금 남자 친구한테 문자를 보낸다는 게 전에 사귀던 남자 친구한테 보냈어.
04	지은	잘 확인하고 보내지 그랬어.
05		그러게 말이야, 어떡하지?
06	민아	전철 안에서 급하게 보내서 그래.
07		중요한 얘기였는데 나중에 천천히 보낼 걸 그랬나 봐.

01	［ミナ］	うわ, しまった！
02	［チウン］	どうしたの？
03	［ミナ］	今の彼にメールを送るつもりが, モトカレに送っちゃったのよ.
04	［チウン］	よく見てから送らなくちゃ….
05	［ミナ］	そうなのよ. どうしよう？
06		電車の中で慌てて送るからよ.
07		大事なことだったのに, 後でゆっくり送ったらよかった.

□으아	[間投詞] うわ
□어떡하다	どういうふうにする. 어떡해?, 어떡하지?は「どうしよう」,「どうすればいい?」. 어떡하죠?は「どうしましょう?」. 辞書形어쩌다(どうする)の어쩌지?(どうしよう), 어쩌죠?(どうしましょう)もよく用いられる
□왜	なぜ. なんで
□그러다	[他動詞] そうする. そのようにする.「왜 그래?」は「どうしたの」.「왜 그러세요?」は「どうなさいましたか」
□사귀다	付き合う. 交際する.「行動を共にする」意の「付き合う」は사귀다とは言わない. 例えば,「같이 쇼핑을 가다」(ショッピングに付き合う),「같이 밥을 먹으러 가다」(食事に付き合う)のように「같이…하다(一緒に…する)」と表現する
□남자 친구	<男子親舊> 彼氏. 男の友達. ボーイフレンド
□문자	<文字> 文字. ケータイメール
□보내다	送る 「(ケータイの)メールを送る」は「문자를 보내다」
□확인하다	<確認-> 確認する
□전철	<電鐵> 電車
□급하다	<急-> [形] 急だ. 急を要する
□I-게	[語尾] …するように. …く. …に. 前につく用言の内容を副詞化し, 副詞形を作る. 급하게は「急いで」,「慌てて」の意
□중요하다	<重要-> 重要だ. 大切だ. 大事だ
□얘기	話. 이야기の短縮形
□천천히	[副] ゆっくり

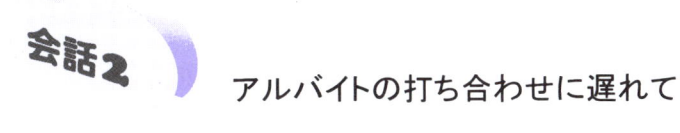

会話 2

アルバイトの打ち合わせに遅れて

01	준호	늦어서 죄송합니다.
02		급해서 택시를 탔는데, 차가 많이 밀려서 오히려 더 늦어졌어요.
03	현우	원래 토요일 오후엔 길이 많이 막히잖아요.
04		괜히 택시를 탔나 봐요.
05	준호	그냥 지하철을 탈 걸 그랬어요.
06		그랬으면 이렇게 늦지는 않았을 텐데.

01 [チュノ] 遅れて申し訳ございません.
02 急いでたのでタクシーに乗ったら, 道があまりにも混んでて, かえってもっと遅くなってしまいました.
03 [ヒョヌ] もともと土曜日の午後は道がかなり混むじゃないですか.
04 [チュノ] 無駄にタクシーに乗ったみたいです.
05 あのまま電車に乗ればよかったですよ.
06 そうしてればこんなに遅れはしなかったでしょうに.

□늦다	[形] 遅い. [自動詞] 遅れる. 늦어지다とも言う
□급하다	<急-> [形] 急だ. 急いでいる
□택시	タクシー
□밀리다	たまる. 滞る.「일이 밀리다」は「仕事がたまる」「仕事が滞る」.「차가 밀리다」は「道が込んでいる」. ちなみに「のろのろ運転」は「거북이 운전」で「亀運転」の意.
□오히려	むしろ. かえって
□길	道. 手段. 方法
□많이	多く. たくさん.「많다」は「多い」
□막히다	詰まる. ふさがる 「길이 막히다」は「道が混んでいる」「道が渋滞している」.「막다」は「ふさぐ」.「길이 붐비다」とも言う.「기가 막히다」は「あきれて言うことばがない」の意.「싱크대가 막히다」は「流しが詰まる」.「변기가 막히다」「トイレが詰まる」.「하수구가 막히다」は「下水溝が詰まる」. トイレなどの「水が流れない」は「물이 안 내려가다」
□괜히	[副] 無駄に. 不要に. 要りもしないのに. よせばいいのに
□그냥	ただ. そのまま. なんとなく. ただで
□지하철	<地下鐵> 地下鉄. 一般の「電車」の意でも用いる

文法と表現

● **後悔を述べる表現**

　後悔を述べるには，次のような表現が多用される．話し手自身の後悔を表す場合と，聞き手や第三者の後悔を表す場合がある：

> 할 걸 그랬어(요)
> 　…すればよかったです
> 할 걸 그랬나 봐(요)
> 　…しておくべきだったようです
> 해 둘 걸(요)
> 　…しておくものを
> 했으면 했을텐데(요)
> 　…していたら…していたでしょうに

● 하지 그래요? (Ⅰ-지 그래요?)
　…すればいいじゃないですか．…すればいいのに．[提案]

　「…すればいいじゃないですか」のように提案をする形．「…なさればよろしいのに」「…なさればいいじゃないですか」のように尊敬形で言うには，「하지 그러세요?」「하시지 그러세요?」．なお，「하지 그러십니까?」のような합니다体は女性はあまり用いない：

> 시간이 없으니까 택시를 타지 그래요?
> 　時間がないから，タクシーに乗ったらどうですか．
> 그럼 박 선생님께 말씀드리지 그러세요?

　　　　じゃ, 朴先生にお話なさったらいかがですか.
　　오늘은 일찍 **자지** 그래? 내일 일찍 나가야
　　되잖아.
　　　　今日は早く寝たら. 明日早いじゃない?

● 하지 그랬어요? (Ⅰ -지 그랬어요?)
　…すればよかったじゃないですか. …すればよかったのに.
　　　　　　　[過去のことに対する仮定の提案]
「…すればよかったじゃないですか」のように, 過去に起こってしまったことに対して, 仮定の提案をするにはこの形を用いる:

　　시간이 없었으면 택시 **타지** 그랬어요?
　　　時間がなかったんなら, タクシー乗ればよかったじゃないですか.
　　그럼 박 선생님께 **말씀드리지** 그러셨어요?
　　　じゃ, 朴先生にお話なさればよかったのに.
　　어제 일찍 **자지** 그랬어? 그랬으면 오늘 일찍
　　일어났을 텐데.
　　　昨日は早く寝ればよかったじゃないか. そしたら今日早く起きただろうに.

● 할 걸 그랬나 봐(요) (Ⅱ-ㄹ 걸 그랬나 봐(요))
　　　…しておくべきだったようです.
　할 걸 그랬어(요) (Ⅱ-ㄹ 걸 그랬어(요))
　　　…すればよかったですよ.
　　　　　　　[未実現の過去についての当為]
　過去に「…しておくべきだったのにしていない」という気持ちを表す:

지하철을 **탈 걸** 그랬나 봐요.
　　地下鉄に乗るべきだったようです.
미리 이메일을 **보낼 걸** 그랬죠?
　　予めメールを送っておけばよかったですね.
언니, 나 머리 모양을 **바꾸지 말 걸** 그랬어.
　　お姉さん, 私, 髪型変えなきゃよかった.

● 해 둘 걸(요) (Ⅲ 둘 걸(요))
　　　…しておけばよかったですね. …しておくものを.
　　　　　[未実現の過去についての当為]
「…しておくものを」という後悔を表す:

한국어 공부를 열심히 **해 둘 걸**.
　　韓国語の勉強をがんばってやっておくものを.
데이터를 잘 **저장해 둘 걸**.
　　データをちゃんと保存しとくんだった.

● 했으면 했을 텐데(요) (Ⅲ-ㅆ으면 Ⅲ-ㅆ을 텐데요)
　　　…すれば…したでしょうに. [過去のことに対する仮想]
「…すれば…したでしょうに」のように, 過去に起こってしまったことに対する仮想を述べる形. -요をとれば非敬意体:

지하철로 **왔으면** 늦지 **않았을 텐데요**.
　　地下鉄で来たら, 遅れはしなかったでしょうに.
좀 더 **조심했으면** 이런 문제도 **없었을 텐데**.
　　もう少し注意してたら, こんな問題はなかったろうに.

거기서 십분만 더 기다렸으면 만날 수 있었을 텐데.
あそこであと 10 分だけ待ってたら, 会えてたのにね.

● 했더라면 (Ⅲ-ㅆ더라면)
　　(もし)…していたら. [過去のことに対する仮想条件]
「(もし)…していたら(…しただろう)」のような, 過去に起こってしまったことに対する仮想条件を述べる形. 後には推量の形などが続くことが多い. →15課:推量:

좀 더 열심히 공부를 **했더라면** 합격했을 거에요.
　もう少し一生懸命勉強してたら, 合格してましたよ.
그 날 예약을 **했더라면** 방이 있었을 텐데.
　あの日予約してたら, 部屋があったろうに.
니 책이 **없었더라면** 큰일 날 뻔했어.
　お前の本がなかったら, 大変なことになるとこだったよ.

● 했나 보다 (Ⅲ-ㅆ나 보다)
　…したみたいだ. …したようだ. [話し手に写った印象様態]
「…したみたいだ」「…したように見える」という, 話し手に写った印象, 様子を表す.「하나 보다」は第13課で詳しく見る:

괜히 일찍 **왔나 봐요**.
　早く来たのも無駄だったみたいですね.
시험이 너무 **쉬웠나 봐요**.
　試験がとても易しかったみたいですよ.

会話3 試験どうでした？

01	가나	시험 잘 보셨어요?
02	석우	아뇨, 너무 못 봤어요.
03	가나	문제가 어려웠나 보죠?
04	석우	그게 아니라 제가 벼락치기를 해서 그래요.
05		평소에 열심히 했더라면 더 잘 봤을 거에요.

---

01 ［可奈］　試験どうでした?
02 ［ソグ］　いや，全然できませんでしたよ．
03 ［可奈］　問題が難しかったみたいですね．
04 ［ソグ］　じゃなくて，私が一夜づけでやったからですよ．
05 　　　　　普段頑張ってやってたら，もっとできたはずなんですけどね．

□시험	<試驗> **試験**. 「**시험을 보다**」「試験を受ける」. 「**시험을 잘 보다**」「試験がよくできる」. 「**시험을 못 보다**」というと, 病気で欠席するなどして「試験を受けられない」または, 試験を受けたが良い成績を収められない意の「試験ができない」.
□문제	<問題> **問題**. 「**문제를 풀다**」は「問題を解く」. 「**문제를 내다**」は「問題を出す」
□어렵다	**難しい**. (Ⅰ)어렵-. (Ⅱ)어려우-. (Ⅲ)어려워-. ㅂ変格
□평소	<平素> **普段. 平素**
□벼락치기	**一夜漬け. にわか仕事**.「벼락」は「雷」. 「치기」は치다(打つ. たたく)のⅠ-기名詞形. 「**벼락이 치다**」は「雷が落ちる」. なお, 당일치기<當日-> は「その日に片をつけること」,「一夜漬け」
□열심히	<熱心-> [열씨미] **一所懸命. 熱心に. 頑張って** 「**열심히 하다**」で「頑張る」. 「**열심히 해**」は「頑張って」

会話 4　めっちゃ、悔しい！― あんなかわいい子が…

01	준호	왜 그래? 얼굴 표정이 별로 안 좋은데, 무슨 일 있었냐?
02	겐	아니, 아까 어떤 굉장히 예쁜 애가 나한테 말을 걸어 오는 거야.
03	준호	그래서?
04	겐	근데 그게 말이야….
05	준호	하하, 너 말 제대로 못했구나.
06	겐	어. 길을 물어 보는데, 갑자기 말이 잘 안 나오지 뭐야.
07	준호	겨우 길 물어 본 걸로 쩔쩔매면 어떡하냐?
08		누가 아니래.
09	겐	한국어 공부, 좀만 더 열심히 해 둘 걸.
10		한국어를 더 잘했다면 멋지게 대시해 볼 수 있었을 텐데.
11		진짜 아깝다.

01	［チュノ］	どうしたの？顔色悪いけど，何かあったの？
02	［健］	それがさー，さっきすっごくかわいい子が，僕に話かけて来るんだよ．
03	［チュノ］	それで？
04	［健］	それがさー…．
05	［チュノ］	はは．お前，ろくに話せなかったんだろ．
06	［健］	そう，道を聞いてんだけど，うまいこと，ことばが出てこないんだよな，これが．
07	［チュノ］	道聞かれたくらいで，うろたえてどうすんだよ？
08	［健］	そうなんだよね．
09		韓国語をもう少し頑張って勉強しときゃよかったよ．
10		韓国語がもっとうまかったら，かっこよくアタックできたのに．
11		めちゃ悔しい！

□얼굴	顔
□표정	<表情> 表情
□일	仕事. 用事. こと 「무슨 일 있었어요?」で「何かありましたか」の意
□Ⅰ-냐	…するか? …するの? 해체で用いるくだけた表現の疑問形の1つ
□아니	[間投詞] いや. (話し始めるときの前置き表現として)だって. それがね
□굉장히	<宏壯-> [副] ものすごく. 非常に
□애	子供. 子. 아이の短縮形. 어린이は「子供」. 어른は「大人」
□걸다	掛ける. 「말을 걸다」は「話しかける」
□그래서	[接続詞] それで
□제대로	[副] きちんと. (否定とともに用いて)ろくに
□겨우	[副] やっと. かろうじて
□방향	<方向> 方向
□쩔쩔매다	うろたえる
□누가 아니래?	そうなんだよ. 누가は「誰が」. 아니래は「否定の指定詞아니다(ではない)+引用の-래(…だって)」. 文字通りの意味としては「誰が違うって言った?」という反語的な疑問文であるが, 「そうなんだよ」の意のあいづち発話として用いられる
□자신	<自信> 自信. 「자신이 있다」は「自信がある」. 「자신이 생기다」は「自信がつく」
□멋지다	格好いい. 見事だ. すてきだ
□대시하다	(異性などに)アタックする
□아깝다	惜しい. 残念だ. もったいない (Ⅰ)아깝-. (Ⅱ)아까우-. (Ⅲ)아까워-. ㅂ変格

読む！

외래어와 식사의 묘한 관계

□전공하다
<専攻->
専攻する
□지나다
過ぎる
□Ⅰ-자
…するや
…するとすぐ
□자신감
<自信感>
自信
□갑자기
いきなり
□장벽<障壁>
壁
□부딪히다
ぶつかる
□메뉴 メニュー
□콜라 コーラ
□어차피
<於此彼>
どうせ
□외래어
<外來語>
外来語
□비슷하다
[形]似ている
□통하다<通->
通じる
□믿다 信じる

　한국에서 일본어를 전공한 나는 일본에 와서 몇 달정도 지나자 어느 정도 일본어에 대한 자신감이 생기기 시작했다. 그러나 나는 어느 카페에서 갑자기 큰 언어의 장벽에 부딪히게 되었다. 바로 메뉴의 이름들이다.
　콜라를 '코오라'로 말한다는 것은 몰랐지만 어차피 영어에서 온 외래어니까 발음이 비슷하면 통할 거라고 믿으며 주문했다.

나: 　콜라쿠다사이！
점원: 　…？
나: 　콜라！
점원: 　네？
나: 　콜라…

□ 창피해지다
  <猖披->
  恥ずかしくなる
□ 포기하다
  <抛棄->
  あきらめる
□ Ⅱ-ㄴ 채
  (…した)まま
□ 카페
  カフェ
□ 그냥
  [副] ただ
□ 메뉴판<-板>
  メニュー
□ 주문하다
  <注文->
  注文する
□ 되묻다
  聞き返す.
  ㄷ変格
□ 통 [副]
  全然. さっぱり
□ 발음
  <發音> 発音
□ 완전히
  <完全->
  [副] 完全に
□ 짐작하다
  <斟酌->
  見当がつく
□ -조차
  [語尾]…さえ
□ Ⅰ-기 힘들다
  …しにくい

나는 창피해져서 콜라를 포기한 채 그냥 카페를 나왔다.

그 다음날 친구와 다른 카페에 점심을 먹으러 갔다.

エッグサンド, パフェ, コーヒー …

메뉴판을 보아도 무슨 요리인지 알 수가 없다.

나: 햄버거=ハンバーガー,
    다즐링 = ダージリン,
    크림 와플 = クリームワッフルクダサイ.

우리의 주문을 점원은 알아듣지 못한다. 점원이 되물어도 우리도 통 알아들을 수가 없다. 발음이 완전히 달라 짐작조차 하기 힘들다.

이날도 나는 점심을 먹을 수가 없었다.

□소홀히
<疏忽->
[副]おろそかに
□Ⅱ-ㄴ 탓
…したせい
□Ⅱ-ㄴ데도
…したのに
□받아들이다
受け入れる
□상상하다
<想像->
想像する
□곳
所. 場所
□숨다
隠れる

외래어 공부를 소홀히 한 탓에 나는 콜라도 점심도 먹을 수가 없었던 것이다. 같은 언어에서 들어온 외래어인데도 받아들이는 언어가 다르면 이렇게까지 못 알아들을 정도로 달라지는가. 일본어의 장벽이 상상도 못할 곳에 숨어 있었던 것이다.

外来語と食事の妙な関係

　韓国で日本語を専攻した私は，日本に来て，数ヶ月過ぎると，日本語についてある程度自信がつき始めた．しかし私はあるカフェで急に大きな言語の壁にぶつかることとなった．まさにメニューの名称である．
　「コルラ」(Cola)を「コーラ」ということは知らなかったが，どうせ英語から来た外来語だから，発音が似ていれば，通じるだろうと思って，注文した．

　　　私：　　　コルラください！
　　　店員：　　…？
　　　私：　　　コルラ！
　　　店員：　　え？
　　　私：　　　コルラ…

私は恥ずかしくて，コーラを諦めたまま，そのままカフェを後にした．
その翌日，友人と別のカフェに昼食をとりに行った．
エッグサンド，パフェ，コーヒー…
メニューを見ても，どんな料理か見当もつかない．
　　　私：　　ヘムボゴ＝ハンバーガー，タジュルリン＝ダージリン，
　　　　　　　クリムワプル＝クリームワッフル…ください．
私たちの注文を店員は聞き取れなかった．店員が聞き返しても，私たちも全く聞き取れなかった．発音が全く違っていて，推測もつかない．

この日も私は昼食にありつけなかった．
　外来語の勉強をおろそかにしたおかげで，私はコーラが飲めなかったし，昼食もとれなかったのだ．同じ言語から入って来た外来語なのに，受け入れる言語が異なれば，こんなにまで聞き取れないほど違ってしまうのか．日本語の壁が想像もできぬところに隠れていたのである．

제9과

● 一目ぼれして…

原因・理由を述べる

첫눈에 반했어요

会話 1 街の声を取材しました.

01	리포터	오늘은 거리에서 만난 세 커플의 만남에 대한 얘기를 취재해 왔습니다.
02		같이 한번 들어 보시죠.
03	태수	저흰 대학교 씨씨였어요.
04		동아리에서 이 사람 보자마자 첫눈에 반해서 제가 2년 동안이나 쫓아다녔습니다.
05	유진	그 때 전 따로 좋아하는 사람이 있어서 이 선배한테는 관심이 없었거든요.
06	태수	열 번 찍어 안 넘어가는 나무 없다구, 열심히 찍어서 그런지 결국 넘어오더라구요.

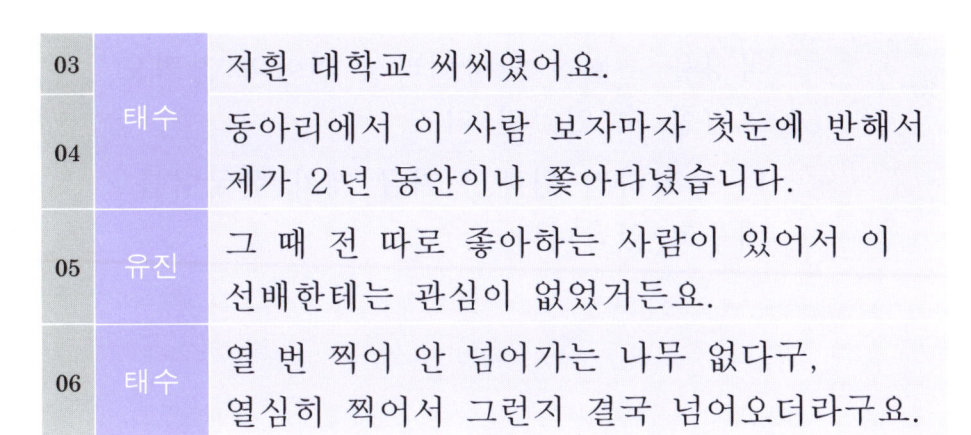

07	동우	절 만날 때 애는 양다리 걸치고 있었습니다.
08	은희	그 땐 언제나 오빠가 옆에 있었으니까, 소중함을 몰랐던 거죠.
09		오빠가 군대에 가고 없을 때, 비로소 내가 정말 좋아하는 사람이 오빠였다는 걸 알게 됐어요.
10	동우	제대하고 나오니까 기다리고 있지 뭡니까.

11		저흰 말 그대로 천생연분이에요.
12		제가 한국에서 길을 잃어버려서 헤매고 있었거든요.
13	유키오	말도 안 통하니까 물어 보지도 못 하구요.
14		그 때 혜영 씨를 만났어요.
15		혜영 씨는 바디랭귀지로 저를 저희 호텔까지 데려다 주었습니다.
16	혜영	국경을 초월한 만남이라서 언어의 장벽도 초월할 수 있었던 거죠.
17	유키오	더 초월하기 위해서 지금 제가 한국어를 배우고 있습니다.

01	[リポーター]	今日は街で会った三組のカップルの出会いについての話を取材して来ました.
02		一緒に聞いてみましょう.
03	[テス]	私たちは大学のカップルだったんですよ.
04		サークルで, この人に会ったとたんに一目ぼれして, 2年間も追いかけたんです.
05	[ユジン]	その頃, 私はほかに好きだった人がいたので, この先輩には関心がなかったんですけどね.
06	[テス]	'十回伐って倒れない木はない' と言うことわざがありますけど, 頑張って伐りまくったからか, 最後には倒れて来たんですよ.
07	[トンウ]	私と付き合ってるとき, こいつ, 二股掛けてたんですよ.
08	[ウニ]	あのときはいつも彼がそばにいてくれたから, 大切さがわからなかったんですよね.
09		彼が軍隊へ行って, いなくなって初めて私が本当に好きだったのは彼だってことがわかったんですよ.
10	[トンウ]	除隊して帰ってきたら, 何と待ってるじゃないですか.
11	[幸雄]	私達は文字通り, 運命の赤い糸ってやつですね.
12		私が韓国で道に迷ってたんですけど.
13		ことばも通じないから聞くこともできなくてですね.
14		そのときヘヨンさんに出会ったんですよ.
15		ヘヨンさんはボディー・ランゲージで, 私をホテルまで送ってくれたんです.
16	[ヘヨン]	国境を越えた出会いだから, 言語の壁も越えられたんですよ.
17	[幸雄]	もっと越えようと, 今私が韓国語を習ってます.

□거리	街．通り
□커플	カップル
□만남	出会い．만나다(会う)のⅡ-ㅁの名詞形
□취재하다	<取材-> 取材する
□씨씨	C・C (campus couple)．キャンパス・カップルの略語
□동아리	サークル．同好会．部活
□Ⅰ-자마자	[語尾] …するとすぐ．…するやいなや．…したとたん
□첫눈에	一目で．第一印象で．「첫」は「最初の」の意の接頭辞．눈は「目」．「첫눈에 알아보다」は「一目でわかる」．첫사랑は「初恋」．첫눈は「初雪」．첫키스は「ファーストキス」
□반하다	惚れる．とりこになる．「첫눈에 반하다」は「一目ぼれする」
□쫓아다니다	追いかける．ついていく．付きまとう
□따로	[副] ほかに．別に．別々に
□관심	<關心> 関心．「관심이 있다」は「関心がある」．「관심이 없다」は「関心がない」．「관심을 보이다」は「関心を示す」．「관심을 끌다」は「関心を引く」．「무관심하다」は「無関心だ」．
□찍다	伐(き)る．(写真を)撮る．(印刷物などを)刷る
□넘어오다	倒れる．傾く．越えてくる
□Ⅰ-더라고요	…してたんですよ．[体験法] 話し手の体験を聞き手に述べる形．聞き手はその体験を知らないであろうと思われる場合にのみ用いる．話しことばで하더라구요ともいう→12課参照
□나무	木
□결국	<結局> 結局
□양-	<兩-> [接頭辞] 両方の．両…．「양쪽」は「両方」，「両側」．「양손」は「両手」．「양팔」は「両腕」．ただし，「両目」は「두 눈」．「両耳」は「두 귀」
□다리	足．「양다리」は「両脚」

□걸치다	[自動詞] かかる. またがる. [他動詞] かける.「양다리(를)걸치다」は「二股を掛ける」.「カーディガンを(肩に)ひっかける」は「카디건을 걸치다」
□옆	横. そば
□소중함	<所重-> **大切さ**. 소중하다(大切だ)のⅡ-ㅁの名詞形
□군대	<軍隊> **軍隊**.「군대에 가다」は「(徴兵制などで)軍隊にいく」,「入営する」. 입대하다は「入隊する」
□비로소	[副] (…して)初めて, ようやく
□제대하다	<除隊-> **除隊する**
□나오다	**出る. 出て来る**
□그대로	[副] そのまま. ありのまま. そのとおり
□천생연분	<天生緣分> 天が定めた縁. **運命の糸で結ばれた縁**
□잃다	(道に)迷う. なくす.「잃어 버리다」は「잃다」の해 버리다(…てしまう)形.「길을 잃다」は「道に迷う」
□헤매다	**迷う. うろつく**
□통하다	<通-> **通じる**.「말이 통하다」は「ことばが通じる」
□바디랭귀지	**ボディー・ランゲージ**. 標準語は보디だが普通바디と言う
□데리다	**連れる**.「데려다 주다」(連れてきてくれる, 連れてきてもらう)は데리다に「Ⅲ-다 주다」(…して持って来てくれる)がついた形. 尊敬形は「모셔다 드리다」(お供して差し上げる).「사다 주다」は「買って来てくれる」.「가져다 주다」は「持って来てくれる」
□국경	<國境> **国境**
□초월하다	<超越-> **超える. 超越する**.「국경을 초월하다」は「国境を越える」
□언어	<言語> **言語**
□장벽	<障壁> **壁. 障壁**

文法と表現

● 하니까 (Ⅱ-니까) …するから. …だから. [理由]

「…するから(…なのだ. …しろ)」という, 話し手が主観的な考えで述べる理由を表す. 次の 해서(Ⅲ-서)に比べ, 話し手の主観的な色彩が濃い. 해서(Ⅲ-서)は後に命令や意志を表す形を用いることができないが, この 하니까は命令や意志を伴うことができる. また,「하니까 한 것이다」(…するから…するのだ)というように, 後に「連体形＋것이다」(…するのだ)という形も好んで用いられる.

「-니까」(…から)で理由を述べる際は, 次の3つの形を使い分ける:

理由 (…から)	…したから	했으니까
	(話し手がこれから) …するから (話し手以外が) …するだろうから	할 테니까
	(それ以外の) …するから	하니까

「…したから」という,過去のことを理由にするには 했으니까(Ⅲ-ㅆ으니까)という形を用いる.また「(話し手が)…するから(…しろ)」といった,話し手自身の意志を理由にしたり,「(話し手以外が)…するだろうから」といった理由づけには「할 테니까」(Ⅱ-ㄹ 테니까)という形を用いる.

> 돈이 **떨어졌으니까** 못 산 거야. 어쩔 수 없잖아.
>> お金がなくなったから買えなかったのよ.しょうがないじゃない.
>
> 어제는 형이 **갔으니까** 오늘은 내가 갈게.
>> 昨日は兄さんが行ってくれたから,今日は僕が行くから.
>
> 그 일은 내가 **할 테니까** 걱정하지 마.
>> その仕事は俺がやるから,心配するなよ.
>
> 시간이 **없으니까** 빨리 가세요.
>> 時間がないから,早くお行きください.
>
> 거기 우리 집에서 **가까우니까** 내가 가 줄게.
>> そこ,うちから近いから,私が行ってあげるよ.

この 하니까 で文を終えることも可能で,その際は 하니까요 のごとく,丁寧化の-요/-이요をつけると丁寧になる:

> 빨리 가세요. 시간이 **없으니까요**
>> 早くお行きください.時間がありませんから.

なお,より話しことば的な形である 하니까(Ⅱ-니까)に対し,**하니**(Ⅱ-니)という,より書きことば的な形もある.

● 해서（Ⅲ-서）…するので．…なので．［原因］

「…するので（…なのだ）」という，原因を表す．하니까(Ⅱ-니까)に比べ，「…なので当然そうなる，おのずからそうなる」といった，比較的自然な結果が後に続く色彩が濃い．「…なので…しろ」といった，後に命令や意志を表す形は来れないので，そうした場合は上の하니까(Ⅱ-니까)を用いる：

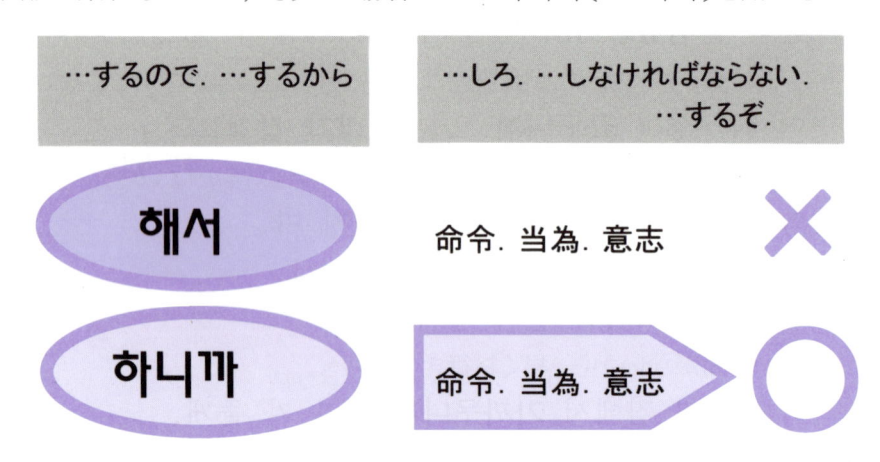

…するので．…するから	…しろ．…しなければならない．…するぞ．
해서	命令．当為．意志　✕
하니까	命令．当為．意志　◯

시간이 **없어서** 거기에는 못 갔어요.
　　時間がなくて，そこには行けませんでした．
그 때 마침 돈이 **떨어져서** 못 샀지.
　　そのときちょうどお金がきれちゃってさ，買えなかったのよ．
슈퍼가 우리 집에서 **가까워서** 참 편리해.
　　スーパーがうちから近くて，ほんとに便利なの．
어제는 형이 **가 줘서** 정말 다행이었어.
　　昨日は兄貴が行ってくれたから，ほんとよかったんだよね．

해서や해서요という形で文を終止させることが可能なのも，하니까と同様である．より話しことば的な形である해서(Ⅲ-서)に対し，-서がついていない해 (Ⅲ) という形もあるが，はるかに書きことば的な，かたい表現である．

내일은 왜 못 오세요? ---- 다른 약속이 **있어서요**.
 明日はなぜ来られないんですか？ 他の約束がありまして．
이 기계는 문제가 **많아** 지금은 쓸 수가 없습니다.
 この機械は問題が多くて，今は使えません．

なお，해서(Ⅲ-서)は原因以外にも，動作の様態や動作の先行を表す．原因を表す用法では，用言は形容詞や存在詞，指定詞であることが多く，動作の様態や先行を表すのはすべて動詞である．動作の先行には動作動詞が多用され，とりわけ移動を表す動詞でよく用いられる：

그 백화점까지 **걸어서** 시간이 얼마나 걸려요?
 そのデパートまで，歩いて時間がどのくらいかかりますか．
 ［歩いて，という動作の様態］
여기 잠깐 **앉아서** 얘기할까요?
 ここにちょっと座って話しましょうか．
 ［座って，その状態で，という動作の様態］
지금 회사에 **가서** 조사할 게 있어.
 今，会社に行って，調べるものがあるんだ．
 ［会社に行って，そして，という動作の先行］

● 해서 그런지 (Ⅲ-서 그런지) …するからなのか．
       ［あいまいに述べる原因］

「…するからなのか…だ」というように，原因をあいまいに述べる形として好んで用いられる：

지은이가 **없어서 그런지** 오늘 준호가 좀 심심해 보였지?
　チウンがいなかったからか, 今日, チュノはちょっとつまらなさそうだったよね？

이 책으로 한국어를 **배우고 있어서 그런지** 한국어 회화에는 전혀 문제가 없었어요.
　この本で韓国語を学んでいたからか, 韓国語会話には全く問題ありませんでした.

● 하거든요（Ⅰ-거든요）…しますから. …するものですから.
　　　　　　　　　　　　　　　　　　[根拠の敷衍(ふえん). 前提]
　まず先にことがらを述べて, あとでそのことがらの根拠を付け加える, つまり敷衍するのに用いる形である. -거든요は[거든뇨]（ㄴの挿入）と発音:

우리 동네는 참 살기가 편해.
슈퍼하고 전철역이 **가깝거든**.
　うちの近所はほんとに暮らしやすいな.
　スーパーや駅が近いもんだからさ.
거기에는 못 갔어요. 시간이 **없었거든요**.
　そこには行けなかったんですよ. 時間がなかったもんですから.
어젠 정말 다행이었어. 우리 형이 **가 줬거든**.
　昨日はほんとよかったよ. うちの兄貴が行ってくれたからね.

　次に述べることの前提を表すのにも用いられる. 話を導入する際にもよく用いられる:

저, 어제 고등학교 때 친구를 **만났거든요**. 그래서 …
　あの, 昨日, 高校のときの友達に会ったんですけどね. それで….

● 하지 뭐야/뭐냐/뭐니/뭐에요/뭡니까
  (Ⅰ-지 뭐야/뭐냐/뭐니/뭐에요/뭡니까)
    (何と)…するじゃない．(あろうことか)…するじゃないですか．
    …するんですよ．　　　　　　　　　　　　　　　[驚きの報告]

話し手が体験した驚きを聞き手に報告する形．「(何と)…するじゃない」「(何と)…するんだよ」「(驚いたことに)…するのよ」などの意．話しことばで用いる．なかでも해体の「하지 뭐야」と해요体の「하지 뭐에요」が多用される．用言を過去形にした,「했지 뭐야/뭐냐/뭐니/뭐에요/뭡니까 (Ⅲ-지뭐야/뭐에요/뭡니까)」という形も使われる．「…したじゃない」の意：

　　집에서 찾았더니 그 책이 학교에 **있지 뭐야**.
　　　　(家で探してたら，あの本，学校にあるじゃない．)
　　가게에서 나오니까 우산이 **없어졌지 뭐에요**.
　　　　(店から出てきたら，何と傘がなくなってるんですよ．)
　　가게에서 나오니까 저 쪽에서 개가 **오고 있지 뭐야**.
　　　　(店から出てきたら，何とあっちの方からあいつが来るのよ．)

会話2

部屋探し

01	부동산	세 군데 보신 방 중에서 어디가 맘에 드세요?
02	수진	저는 두 번째 본 집이 좋았어요.
03	부동산	그 집이 남향이라서 햇볕도 잘 들고 붙박이장도 넓어서 생활하기엔 편하실 거에요.
04	수진	건물이 좀 낡긴 했지만 지하철 역도 가까워서 좋을 것 같아요.
05		그리구 방값도 그다지 비싸지 않으니까 저한테는 딱 맞을 것 같은데요.

01 ［不動産屋］ 3ヶ所見た部屋の中で，どこがお気に召しましたか?
02 ［スジン］ 私は2番目に見た部屋がよかったですね．
03 ［不動産屋］ あの家は南向きだから，日当たりも抜群だし，押入れも広いから，生活には楽でしょうね．
04 ［スジン］ 建物はちょっと古いけど，駅も近くてよさそうですね．
05 それに家賃もそれほど高くないから，私にはうってつけですよ．

□군데	[名数詞]（固有語数詞の後で）…**箇所**.「한 군데」「一箇所」.「몇 군데」は「何箇所か」.「군데군데」は「ところどころ」.
□맘	**心**.「마음」の短縮形.「마음에 들다」は「気に入る」.
□남향	<南向> **南向き**
□햇볕	**日の光**. **日差し**.「햇볕이 들다」は「日が差す」.「햇볕을 쬐다」は「日を浴びる」
□붙박이장	<-欌> **押入れ**. **作り付けのたんす**
□넓다	[形] **広い**
□편하다	<便-> [形] **楽だ**
□낡다	[形] **古い**
□가깝다	[形] **近い**. （Ⅰ)가깝-. (Ⅱ)가까우-. (Ⅲ)가까워-. ㅂ変格
□값	**値段**. **価格**.「방값」[방깝]<房->は「家賃」
□그다지	（否定と共に用いて）**それほど**（…ではない）.
□비싸다	[形]（値が)**高い**.「安い」は「싸다」
□딱	**ちょうど**. **ぴったり**.
□맞다	**合う**. **一致する**.「딱 맞다」は「うってつけだ」.なお,「안성맞춤이다」<安城->は「おあつらえむきだ」,「うってつけだ」

会話3 結婚式があるので:仕事の帰りに

01	성준	먼저 가 보겠습니다.
02	민희	어머, 오늘 퇴근이 빠르시네요.
03	성준	네, 친구 결혼식이 있어서요.
04	민희	그러세요?
05		오늘 양복이 멋져서 데이트인 줄 알았어요.
06	성준	네, 신경을 좀 썼습니다.
07		어릴 적부터 친한 친구라서 제가 사회를 보기로 했거든요.

01 ［ソンジュン］　お先に失礼します.
02 ［ミニ］　あら, 今日は早いですね.
03 ［ソンジュン］　ええ, 友達の結婚式があるもんですから.
04 ［ミニ］　あ, そうですか.
05 　　　　　　　今日はスーツがキマってるから, デートかと思いましたよ.
06 ［ソンジュン］　えー. ちょっと気合を入れたんですよ.
07 　　　　　　　幼なじみなんで, 私が司会をすることになったんですよ.

□퇴근	<退勤> 退社. 勤め帰り
□결혼식	<結婚式> 結婚式
□먼저	[副] 先に. まず. 前に. 「먼저 가 보겠습니다」は「お先に失礼します」
□양복	<洋服> スーツ. 背広
□멋지다	素敵だ. すばらしい. 見事だ. 멋は「(ものごとの)味」「趣」. 「멋(을)부리다」は「おしゃれをする」,「かっこ(を)つける」. 「멋(이)있다」は「素敵だ」,「格好いい」
□데이트	デート
□신경	<神經> 神経. 気
□쓰다	使う. 使用する.「신경을 쓰다」は「気合を入れる」,「気にかける」,「気を使う」. なお, 同音異義語で「書く」. ちなみに,「모자를 쓰다」「(帽子を)被る」,「안경을 쓰다」「(眼鏡を)かける」もある
□어리다	[形] 幼い. 若い
□적	(…の. …する) とき. こと
□친하다	<親-> [形] 親しい. 「어릴 적 친한 친구」は「幼なじみ」
□사회	<司會> 司会.「사회를 보다」,「사회를 맡다」は「司会をする」,「司会を務める」

諺 ことわざ

고래 싸움에 새우 등 터진다	鯨のけんかでえびの背中が裂ける
	強いものどうしの争いに弱いものが被害をこうむる
금강산도 식후경	金剛山も食後の見物
	花より団子
낫 놓고 ㄱ(기역)자도 모른다	鎌が目の前にあるのにその形をしたㄱ(기역)の字もわからない
	イロハのイの字も知らない
낮 말은 새가 듣고 밤 말은 쥐가 듣는다	昼のことばは鳥が聞き、夜のことばはねずみが聞く
	壁に耳あり、障子に目あり
누워서 떡 먹기	寝そべってもちを食べる
	朝飯前

도둑이 제 발 저린다	泥棒の足がしびれる 悪いことをすると気がとがめて自分のせいでばれてしまう
돌다리도 두드려 보고 건너라	石橋もたたいてみて渡れ 常に安全を確認せよ
등잔 밑이 어둡다	灯盞の下が暗い 灯台下暗し
비 온 뒤 땅이 굳어진다	雨降って地固まる
새 발의 피	鳥の足の血 すずめの涙
서당개 삼년에 풍월을 읊는다	寺小屋の犬3年で風月を詠む 門前の小僧習わぬ経を読む
세 살 버릇 여든까지 간다	3歳のときの癖は80歳まで続く 三つ子の魂百まで
소 귀에 경 읽기	牛の耳に経を読む 馬の耳に念仏
수박 겉 핥기	スイカの皮なめ うわべだけ皮相的に事を行なう

아니 땐 굴뚝에 연기 나랴	たかない煙突に煙が立つだろうか
	火のないところに煙は立たぬ
아 다르고 어 다르다	アが違い, オが違う
	ものは言いよう
가는 말이 고와야 오는 말이 곱다	話しかけることばが優しければ返って来ることばも優しい
	売りことばに買いことば
우물 안 개구리	井の中の蛙
	狭いところにいると広い世界のことは知らない
작은 고추가 맵다	小さい唐辛子のほうが辛い
	山椒は小粒でもぴりりと辛い
찬 물도 위 아래가 있다	冷水を飲むにも上と下の順番がある
	何ごとにも目上の者を優先して待遇する
하늘의 별 따기	空の星取り
	可能性のないこと
하룻 강아지 범 무서운 줄 모른다	生まれたばかりの子犬はトラの恐ろしさを知らない

10 제 과

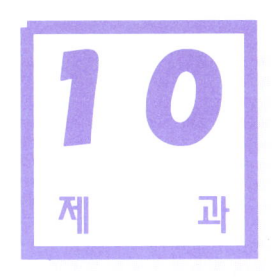

● 韓国語で何と言いますか

韓国語で韓国語の表現を尋ねる

이럴 땐 한국말로 뭐라고 해요?

会話 1

がんばって！？？？

01	가나	한국어에 대해서 하나 물어 보고 싶은 게 있는데, 괜찮아?
02	지은	응, 뭔데?
03	가나	일본어의 "がんばって"는 한국말로 뭐라고 해?
04	지은	아, 그건 상황에 따라 달라.
05	지은	스포츠 시합 같은 걸 응원할 때는 "화이팅"이나 "이겨라"라고 해.
06		그리구 공부나 일을 하는 사람한테는 "열심히 해"라고 하지.
07	가나	그래? 지은아, 너 요즘에 취직 준비하고 있지?
08	지은	응, 그런데?

09	가나	취직 준비 열심히 해.
10	지은	어, 고마워, 너두 한국어 공부 열심히 해.
11	가나	그래, 화이팅!

01 ［可奈］　韓国語について一つ聞きたいことがあるんだけど, いい?
02 ［チウン］　いいよ, 何?
03 ［可奈］　日本語の"がんばって"は韓国語で何ていうの?
04 ［チウン］　あ, それは状況によって違うな.
05 　　　　　スポーツの試合なんかを応援するときは, "화이팅(ファイト)"とか"이겨라(勝て)"って言うね.
06 　　　　　それから勉強や仕事をしてる人には"열심히 해(がんばって)"って言えばいいよ.
07 ［可奈］　なるほどね. チウンさん, 最近, 就職活動してるよね?
08 ［チウン］　うん, してるけど.
09 ［可奈］　就職活動がんばって!
10 ［チウン］　うん, ありがとう. 可奈ちゃんも韓国語の勉強がんばって!
11 ［可奈］　わかった. ファイト!

□상황	<狀況> 状況
□-에 따라	…によって.「-에 따라서」とも言う
□다르다	違う. 異なる.（Ⅰ Ⅱ）다르-.（Ⅲ）달라-. 르変格
□스포츠	スポーツ
□시합	<試合> 試合.（スポーツ, 運動などの）**ゲーム**
□-같은	…のような.…みたいな
□응원	<應援> 応援
□화이팅	［間投詞］ファイト
□이기다	勝つ.（Ⅰ Ⅱ）이기-.（Ⅲ）이겨-. 이겨라は이기다のⅢ-라命令形.「負ける」は**지다**
□열심히	<熱心-> ［副詞］熱心に.「열심히 해」は「がんばって」「がんばれ」の意.「열심히 하세요」は「がんばってください」
□취직	<就職> 就職
□준비	<準備> 準備.「취직 준비(를)하다」は「就職活動をする」の意

会話 2　謝らないで

01	민아	마키 씨, 생일 축하해요.
02		그리구 이거 별로 비싼 건 아닌데, 제 마음이에요.
03	마키	어머, 이런 선물까지 챙겨 주시구, 미안해요.
04	민아	네? 뭐가 미안해요?
05	마키	그게 아니라…, 저기, "미안하다"고 안 해요?
06		일본어에서는 "스미마셴"이라고 하는데…
07	민아	아, 한국어에서는 감사의 마음을 표현할 때는 "고맙다"나 "감사하다"고 하시면 돼요.
08		"미안하다"는 건 정말 사과할 때만 쓰거든요.
09	마키	아, 그렇구나.
10		언제나 이렇게 가르쳐 주셔서 정말 '고마워요'.

01	［ミナ］	真紀さん，誕生日おめでとう．
02		それでね，これ，そんな高いもんじゃないんだけど，私の気持ちです．
03	［真紀］	うわー，こんなプレゼントまでくださるなんて，すみません．
04	［ミナ］	え？ 何がすまないんですか？
05	［真紀］	そうじゃなくて…，あれ？ "すみません"って言わないんですか？
06		日本語だと"すみません"って言うんだけど…．
07	［ミナ］	あー，韓国語では感謝の気持ちを表すときには"(고맙다)ありがとう"や"(감사하다)感謝する"って言えばいいんですよ．
08		"すまない"ってのは本当に謝るときだけ使うんですよ．
09	［真紀］	あ，そうか．
10		いつもこんなふうに教えてくださって，本当に'ありがとう'．

□생일	<生日> 誕生日.「생일날」は話しことばで多く用いる.「誕生日の(その)日」
□축하하다	<祝賀-> 祝う.「축하해」は「おめでとう」.「축하해요」,「축하합니다」は「おめでとうございます」.「진심(真心)으로 축하드립니다」は「心からお祝い申し上げます」
□비싸다	[形] (値が)高い. 싸다は「(値が)安い」
□마음	心. 気持ち.「이건 제 마음이에요」は「これは私の気持ちです」の意.「제 기분이에요」とは言わない
□챙기다	(ものなどを)そろえる. まとめる. 整理する. (人のものを)かすめとる. (人に対して)面倒を見る. 気を使う.「챙겨 주다」は챙기다の「Ⅲ 주다」(…してやる).「선물을 챙겨 주다」は「気を配ってプレゼントをやる」.「동생을 챙겨 주다」は「弟の面倒を見てやる」. (ⅠⅡ)챙기-. (Ⅲ)챙겨-.
□미안하다	<未安-> すまない.「미안해요」は「すみません」. 人を呼ぶときの呼びかけ表現や, 話し始めるときの前置き表現としては用いない. 感謝の気持ちを表わすときにも用いず, 通常, 謝るときにのみ用いられる. 日本語の「すみません」と働きが異なる点に注意
□표현하다	<表現-> 表現する. 表わす
□감사	<感謝> 感謝. 감사하다は「感謝する」.「감사합니다」は「ありがとうございます」,「ありがとうございました」
□고맙다	[形] ありがたい.「고맙습니다」は「ありがとうございます」,「ありがとうございました」. 感謝の表現である 감사하다と고맙다の해요体,「감사해요」,「고마워요」はフォーマルな場面や目上に用いるとやや失礼になるので注意 (Ⅰ)고맙-. (Ⅱ)고마우-. (Ⅲ)고마워-. ㅂ変格
□사과하다	<謝過-> 謝る

文法と表現

● 韓国語で韓国語について尋ねる

　韓国語で韓国語について尋ねる表現を学ぶのは，韓国語の学習のうちでも極めて重要である．「네? 뭐라고요?」(え？何ですって？)などの単純な聞き返しからはじまって，ことばでことばについて尋ねる様々な装置を知ろう．

● 質問の前提となる表現

　いきなり質問に入るのではなく，「質問をしてもよいか」と許可を求めるなど，質問の前提となる表現には，例えば次のようなものがある：

한국어 발음에 대해서 여쭤 보고 싶은데요, 지금 시간 괜찮으세요?
　　韓国語の発音についてお伺いしたいんですが，今，お時間よろしいですか．
저, 뭐 좀 여쭤 봐도 돼요?
　　あの，ちょっとお伺いしてもよろしいですか．
한국어에 대해서 하나 물어 보고 싶은 게 있는데, 괜찮아?
　　韓国語についてひとつ聞きたいことがあるんだけど，いい？
나 한국어 단어 중에 궁금한 게 하나 있었는데.
　　わたし，韓国語の単語のうちで知りたいのが一つあったんだけど．
또 말에 대해서 물어보고 싶은 게 있는데, 안 돼?
　　またことばについて聞きたいことがあるんだけど，だめ？

● **韓国語について尋ねる表現**

韓国語について尋ねる，様々なヴァリエーションを見てみよう：
まず，韓国語で何と言うかを尋ねる表現である：

일본어의 '스미마셍'은 한국말로 뭐라고 합니까?
　　　日本語の「すみません」は韓国語で何といいますか？
상대방 의견에 찬성할 경우에는 뭐라고 하면 돼요?
　　　相手の意見に賛成する場合は，何といえばいいですか？
지난번에 같이 먹은 그 음식 이름이 뭐였지?
　　　このあいだ一緒に食べたあの料理の名前，何だっけ？

単語や表現の用法を尋ねる：

이럴 때 '미안하다'라는 말은 안 써요?
　　　こういうとき，「미안하다」ということばは使いませんか？
이 경우에 '미안합니다'라고 하면 좀 어색해?
　　　この場合に「미안합니다」っていうと，ちょっと変？
'죄송합니다'는 주로 어떨 때 씁니까?
　　　「죄송합니다」は主にどんなときに使いますか．
'안'하고 '속'은 뜻이 어떻게 달라요?
　　　「안」と「속」は意味がどう違いますか．
이 말은 보통 누가 누구한테 하는 말이에요?
　　　このことばは普通，誰が誰に言うことばですか．
'해요'하고 '합니다'는 용법의 차이가 있어요?
　　　「해요」と「합니다」は用法の違いがありますか．
이 문장에서 이 '빨리'를 '급히'로 바꿀 수 있어요?
　　　この文でこの「빨리」を「급히」に入れ替えることができますか．

'끝내 준다' 하는 건 일종의 속어야?
　　「끝내 준다」ってのは一種の俗語？

● 한대요 (Ⅱ-ㄴ대요/Ⅰ-는대요)
　…するんですって．…するそうです．…すると言っています．［引用］
　「…するそうです」に相当する引用の形は，한대요．母音語幹の用言はⅡ-ㄴ대요，子音語幹の用言はⅠ-는대요．ㄹ語幹の用言にはㄹが落ちた形にⅡ-ㄴ대요：

　　다음달에 제 친구가 **결혼한대요**．　［**母音語幹**］
　　　　来月，私の友達が結婚するんですって．
　　그 애는 김치도 잘 **먹는대요**．　　　［**子音語幹**］
　　　　その子はキムチもよく食べるそうです．
　　혜영이는 일본 노래에 대해서 많이 **안대요**．［**ㄹ語幹**］
　　　　ヘヨンは日本の歌についてたくさん知ってるんだそうですよ．

引用の形については第11課で整理する．

● 했나 보다 (Ⅲ-ㅆ나 보다)
　　　　…したみたいだ．…したようだ．［話し手に写った印象様態］
「…したみたいだ」「…したように見える」という，話し手に写った印象，様子を表す．「하나 보다」は第13課で詳しく見る：

　　어, 제가 **잘못했나 봐요**．
　　　　お，私が間違ったみたいですね．
　　아, 그건 **거짓말이었나 봐요**．
　　　　ああ，あれは嘘だったみたいですよ．

会話3 韓国語での表現を尋ねる："なるほど"—"でしょう?"

01	히카루	저 궁금한 게 하나 있는데요.
02	민희	네, 뭔데요?
03	히카루	친구가 "これ, とても面白いね"라고 해서 "でしょう?"라고 맞장구 치고 싶을 때 한국말로는 뭐라고 하면 되죠?
04	민희	음, 그럴 땐 "그렇죠?"라고 하면 돼요.
05	히카루	그래요?
06	민희	일본어에서 맞장구 칠 때 잘 쓰이는 "데쇼(でしょう?)"나 "다요네(だよね)" "네(ね?)"는 "그렇죠?" "그래요" "그치?" 같은 표현을 써요.
07	히카루	그럼 "다시카니(確かに)" "나루호도(なるほど)" "소노토오리(その通り)" 같은 맞장구 표현은 뭐라구 하면 좋아요?
08	민희	"맞아요"나 "정말 재미있어요"처럼 "정말 뭐뭐 하다"라고 얘기하면 돼요.
09	히카루	아, "정말" 재밌네요.

01	［光］	あの, ちょっと聞きたいことが一つあるんですけど.
02	［ミニ］	ええ, 何でしょう.
03	［光］	友達から"これ, とても面白いね"って言われて, "でしょう?"ってあいづち打ちたいとき, 韓国語では何と言えばいいですか?
04	［ミニ］	えーと, そういうときは"그렇죠?(でしょう?)"って言えばいいですよ.
05	［光］	なるほど.
06	［ミニ］	日本語のあいづち表現によく使われる"でしょう"や"だよね", "ね？"には"그렇죠?(そうでしょう?)", "그래요(そうですね)", "그치?(だろう?)"なんかの表現を使いますね.
07	［光］	それじゃ, "確かに", "なるほど", "その通り"みたいなあいづち表現は何て言えばいいですか?
08	［ミニ］	"맞아요(そうです)"とか, "정말 재미있어요(本当に面白いですね)"のように"本当に何々する"って言えばいいんですよ.
09	［光］	わあ, 本当に面白いですね.

□궁금하다	[形] 知りたい. 気になる
□맞장구	あいづち
□치다	打つ.「맞장구(를)치다」は「あいづちを打つ」,「調子を合わせる」
□쓰이다	[自動詞] (-가/-이 …が) 使われる. 「(-를/-을)쓰다」は他動詞で(…を)使う
□그치	そうでしょう. そうだろう. 그렇지?の短縮形
□표현	<表現> 表現
□맞다	合う. 正しい. 一致する. 「맞아」,「맞아요」はあいづち表現として,「そうそう」,「なるほど」,「確かに」などの意味でも用いられる
□얘기	話. 이야기の短縮形
□재밌다	面白い. 재미있다の短縮形

会話 4　　えーっ、うそー！ほんと！？

01	준호	다음달에 김 선생님이 결혼하신대요.
02	가나	네? 거짓말.
03	준호	아니, 거짓말 아니에요, 정말이에요.
04	가나	어? (고개를 갸우뚱거리며) 표현이 잘못됐나 봐요.
05	가나	전 그런 뜻의 "거짓말"이라고 한 게 아닌데….
06		이럴 때 "우소(うそ)"는 뭐라고 해야 해요?
07	준호	아-, 감탄할 때는 "정말이요?" "진짜?" 같은 표현을 쓰시는 게 좋아요.
08		"거짓말"이라는 표현은 안 쓰거든요.
09	가나	정말이요?
10	준호	간단한 단어지만 일본어하고 용법이 다르죠?

01	［チュノ］	来月，金先生が結婚なさるんですって．
02	［可奈］	え？うそー．
03	［チュノ］	いや，うそじゃないですよ，本当ですよ．
04	［可奈］	あれ？(首をかしげながら)表現が間違ってるみたいですね．
05		私はそういう意味で"うそ"って言ったわけじゃないんだけど…．
06		こういうとき"うそ"は何て言えばいいですか？
07	［チュノ］	あー，感嘆を表すときは"정말이요？(本当ですか？)"，"진짜？(本当？)"のような表現を使った方がいいですね．
08		"うそ"っていう表現は使いませんから．
09	［可奈］	本当ですか．
10	［チュノ］	簡単な単語でも日本語と用法が違うでしょう．

□결혼하다	<結婚-> **結婚する**
□거짓말	**うそ**. 거짓는「うそ, 偽り」. 말은「ことば」. 「**거짓말(을)하다**」は「うそをつく」. 거짓말쟁이は「うそつき」.「**참과 거짓**」は「真と偽」
□정말	<正-> **本当**. あいづち表現としても用いられる.
□고개	**首**. **頭**.「고개를 끄덕이다」は「うなずく」.「고개를 젓다」は「首を(横に)振る」.
□갸우뚱 　　거리다	(首や顔を)**かしげる**. **傾ける** 「고개를 갸우뚱거리다」は「首をかしげる」. -거리다は擬声擬態語につき, 動詞を作る造語接尾辞. 多回的な動作を表わす.「반짝거리다」は「きらきらする」.「두근거리다」は「どきどきする」
□잘못되다	**間違う**. 잘못하다とも言う
□뜻	**意味**. **意志**. **思い**. 뜻대로는「思いのままに」. 뜻밖에는「意外に, 不意に」
□감탄하다	<感歎-> **感嘆する**
□간단하다	<簡單> [形] [간따나다] [간다나다] **易しい**. **簡単だ**. 간단이다とは言わない. 간단히は「簡単に」
□단어	<單語> **単語**. 固有語で낱말 [난말] とも言う
□용법	<用法> **用法**

● ことばについて尋ねるための語彙

ことばについて尋ねるための語彙を確認しておこう.

□언어 <言語> 言語　□모어 <母語> 母語
□말 ことば　□표준어 <標準語> 標準語
□서울말 ソウルことば　□방언 <方言> 方言
□사투리 お国ことば　□모국어 <母國語> 母国語
□국어 <國語> 国語　□외국어 <外國語> 外国語

한국어	조선어	일본어	중국어
<韓國語>	<朝鮮語>	<日本語>	<中國語>
韓国語・朝鮮語		日本語	中国語

영어	독일어	불어	프랑스어
<英語>	<獨逸語>	<佛語>	<-語>
英語	ドイツ語	フランス語	

러시아어	서반아어	스페인어	이태리어
<-語>	<西班牙語>	<-語>	<伊太利語>
ロシア語	スペイン語		イタリア語

포르투갈어	태국어	아랍어	힌디어
<-語>	<泰國語>	<-語>	<-語>
ポルトガル語	タイ語	アラビア語	ヒンディー語

이야기	얘기	회화	문장	작문
		<會話>	<文章>	<作文>
話	話	会話	文章. 文	作文

농담	진담	거짓말	옛날얘기	소문
<弄談>	<眞談>			<所聞>
冗談	まじめな話	うそ	昔話	うわさ

속담	암호	인사말	고사성어	비유
<俗談>	<暗號>	<人事->	<故事成語>	<比喩>
ことわざ	合いことば	あいさつことば	故事成語	比喩

의미	뜻	뉘앙스	용법	쓰임
<意味>			<用法>	
意味	意味. 志	ニュアンス	用法	使い方

문법	어휘	단어	낱말	주어
<文法>	<語彙>	<單語>		<主語>
文法	語彙	単語	単語	主語

동사	형용사	부사	조사	어미
<動詞>	<形容詞>	<副詞>	<助詞>	<語尾>
動詞	形容詞	副詞	助詞	語尾

＊얘기는 이야기의 말하기말 形

＊문법이나 용법의 법은 [뻡]과 濃音으로 발음된다. 작문 [장문]. 거짓말 [거진말]. 옛날얘기 [옌날래기]. 낱말 [난말]의 発音에 注意

韓国語にも日本語同様，漢字語の**故事成語**が豊富に存在する．ここではそのほんの一部を見てみよう．

감지덕지	<感之德之>	● 願ってもないことだ．ありがたがるさま．
권선징악	<勸善懲惡>	● 勧善懲悪(かんぜんちょうあく)．善を勧め，悪をこらしめる
단도직입	<單刀直入>	● 単刀直入
동문서답	<東問西答>	● 的はずれな答え
막상막하	<莫上莫下>	● 負けず劣らず．伯仲
맹모삼천	<孟母三遷>	● 孟母三遷．孟子の母，子のために三度居を移す
백년해로	<百年偕老>	● 偕老(かいろう)．夫婦仲むつまじく共に老いること
살신성인	<殺身成仁>	● 身を殺して仁を成す．命を捨てて忠義を守ること
선견지명	<先見之明>	● 先見の明
설상가상	<雪上加霜>	● 弱り目にたたり目．泣き面に蜂．不幸なことが重なること
애매모호	<曖昧模糊>	● 曖昧模糊(あいまいもこ)

오매불망	<寤寐不忘>	● 寝ても覚めても忘れないこと
이심전심	<以心傳心>	● 以心伝心
일거양득	<一擧兩得>	● 一挙両得
자화자찬	<自畫自讚>	● 自画自賛
장부일언중천금	<丈夫一言重千金>	● 大丈夫(立派な男子)の一言は千金のように重い. 約束は必ず守らなければならない
죽마고우	<竹馬故友>	● 竹馬の友. 幼なじみ
진수성찬	<珍羞盛饌>	● ごちそう. 豪華な食事
천고마비	<天高馬肥>	● 天高く馬肥ゆること
청출어람	<靑出於藍>	● 出藍(しゅつらん)の誉れ. 弟子が師より優れていること
파란만장	<波瀾萬丈>	● 波瀾万丈(はらんばんじょう)
팔방미인	<八方美人>	● あらゆることに才のある人. 否定的意味はない
학수고대	<鶴首苦待>	● 首を長くして待ちわびること
함흥차사	<咸興差使>	● 梨のつぶて. 鉄砲玉の遣い

허심탄회	<虛心坦懷>	● 虛心坦懷（きょしんたんかい）
횡설수설	<橫說竪說>	● 筋道だてずに話すこと．ちんぷんかんぷん．しどろもどろ

第11課 ● 辛いものもよく食べるそうです

伝聞を語る

이젠 매운 것도 잘 먹는대요

会話 1 昨日電話が来たんですけどね

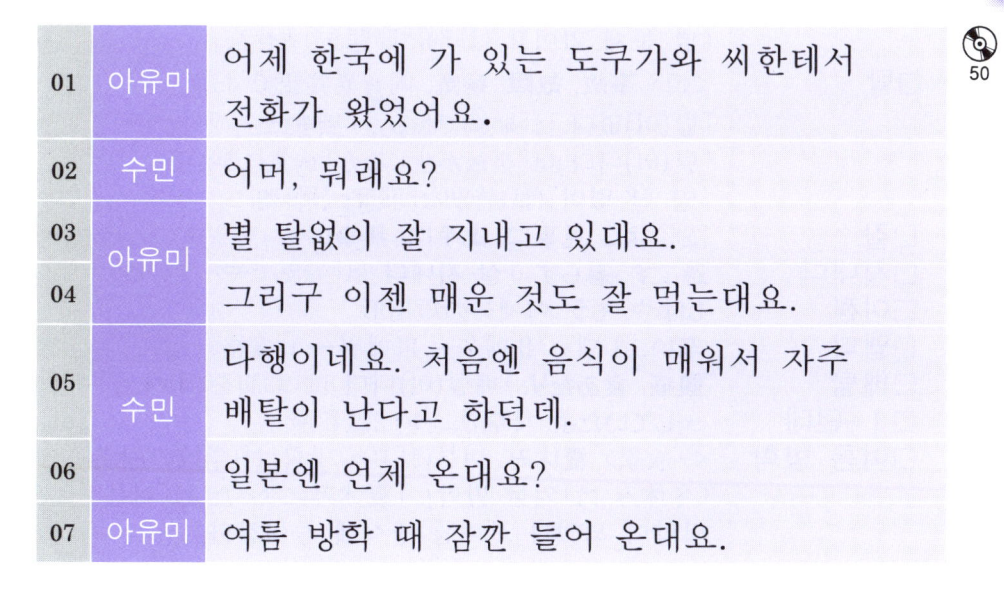

01	아유미	어제 한국에 가 있는 도쿠가와 씨한테서 전화가 왔었어요.
02	수민	어머, 뭐래요?
03	아유미	별 탈없이 잘 지내고 있대요.
04		그리구 이젠 매운 것도 잘 먹는대요.
05	수민	다행이네요. 처음엔 음식이 매워서 자주 배탈이 난다고 하던데.
06		일본엔 언제 온대요?
07	아유미	여름 방학 때 잠깐 들어 온대요.

01	［歩美］	昨日韓国に行ってる徳川さんから電話がありましたよ.
02	［スミン］	あら，何ですって？
03	［歩美］	これといって問題なく，元気に過ごしてるんですって.
04		それにもう辛いものもよく食べてるんですって.
05	［スミン］	よかったですね. 最初は食べ物が辛くて，しょっちゅうお腹を壊してるって言ってたのに.
06		日本にはいつ帰って来るって言ってますか？
07	［歩美］	夏休みにちょっと帰って来るんですって.

□ 별	<別-> [冠形詞] 別に. 変わった. 「별 문제 없어요」は「別に問題ありません」
□ 탈	<頉> 事故. 故障. 病気. 同音異義語で「お面」. 「탈(이)없다」は「順調である」, 「無事だ.」 「탈(이)나다」は「事故が生じる」, 「病気にかかる」. 「별 탈 없이」は「(特別な問題なく)順調に」
□ 잘	[副] よく. 見事に. 上手に. 無事に
□ 지내다	過ごす. 暮らす. 「잘 지내다」は「元気でやっている」.
□ 이젠	もはや. もう. 이제는の短縮形
□ 맵다	辛い. Ⅰ 맵-. Ⅱ 매우-. Ⅲ 매워-. ㅂ変格
□ 배탈	腹痛. 食あたり. 「배탈(이)나다」は「お腹をこわす」.
□ Ⅰ-던데	…していたよ. 体験法. →12課参照
□ 여름 방학	<-放學> 夏休み. 여름は「夏」. 방학は「(学校の)休み」 「冬休み」は「겨울 방학」. 「夏休みになった」は「여름 방학이 되었다」, 「여름 방학에 들어갔다」

会話2 あさって時間あるか，ですって

01	준호	마키 씨, 민아가 모레 시간 있대요.
02	마키	갑자기 왜요?
03	준호	모레 시간 괜찮으면 불꽃놀이 구경 가재요.
04	마키	준호 씨도 같이 가세요?
05	준호	전 아르바이트가 있어서 좀 힘들 것 같아요.

01 ［チュノ］　真紀さん，ミナさんがあさって暇なのかって聞いてましたよ．
02 ［真紀］　いきなりどうしたんですか?
03 ［チュノ］　あさって暇だったら花火見に行こうですって．
04 ［真紀］　チュノさんも一緒に行かれるんですか?
05 ［チュノ］　私はバイトがあってちょっと無理そうなんですよ．

- □ 갑자기 　 いきなり．突然
- □ 불꽃놀이 　［불꼰노리］花火
- □ 아르바이트 　アルバイト．短縮形「알바」もやや俗語的だが用いる
- □ 힘들다 　［動詞］［形容詞］難しい．疲れる．しんどい．大変だ

文法と表現

● 引用の形

「…すると(いう)」のような伝聞を表すには，引用形を用いる．引用形の基本的な型は次のようなパターンである：

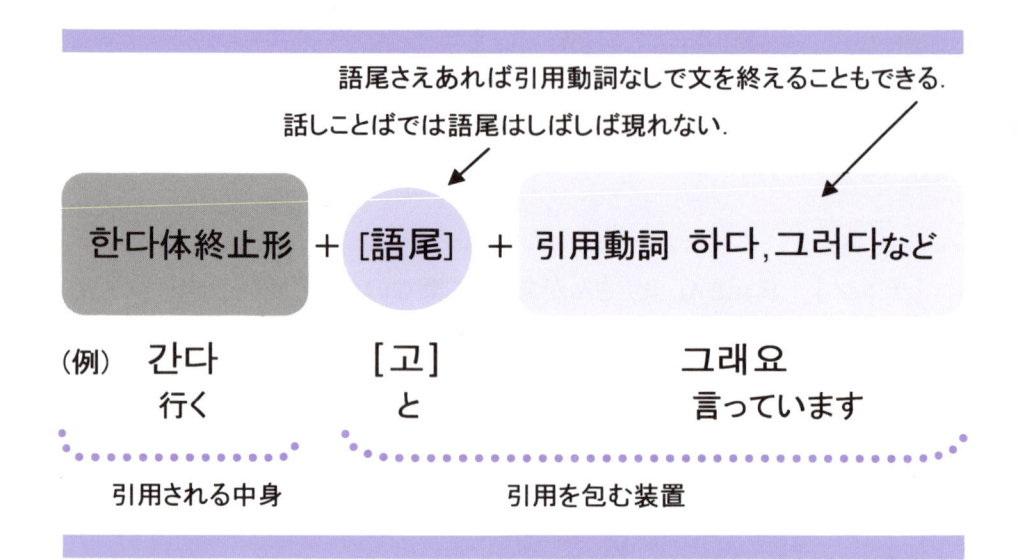

語尾さえあれば引用動詞なしで文を終えることもできる．
話しことばでは語尾はしばしば現れない．

한다体終止形 ＋ [語尾] ＋ 引用動詞 하다，그러다など

(例)　간다　　　　[고]　　　　　　그래요
　　　行く　　　　 と　　　　　言っています

引用される中身　　　　　　引用を包む装置

要するに用言の한다体の終止形のあとに引用の動詞が来れば，基本的に引用形ができあがるわけである．引用される終止形は「간다고 그래요.」や「먹는다고 그래요」のように한다体（→p.42）でなければならず，同じ非敬意体でも「해고 그래요.」などと해体で引用形を作ることはできない．

수진이는 자주 배탈이 난다고 해요.　　　[母音語幹の動詞]
　　スジンはしょっちゅう下痢をするって言っています．
　　＝スジンはしょっちゅう下痢をするそうです．

매운 것도 잘 먹는다고 그래요.　　　　　[子音語幹の動詞]
　　辛いものもよく食べると言っています.
　　＝辛いものもよく食べるそうです.
내일은 시간이 있다고 했습니다.　　　　[存在詞]
　　明日は時間があると言いました.
모레는 좀 바쁘다고 그래요?　　　　　　[形容詞]
　　あさってはちょっと忙しいって言ってるんですか.

指定詞を引用するときは,「-이다고」ではなく,「-이라고」という形になる. これまでも見たように, 母音語幹の体言の後ろではこの-이-は脱落する. また指定詞「아니다」(…ではない)は「아니라고」という形になる:

저는 강수민이라고 합니다.　　　　　　[指定詞]
　　私はカン・スミンと申します.
저는 신민희라고 해요.　　　　　　　　[指定詞. -이-脱落]
　　私はシン・ミニと言います.
그 사람이 담당이 아니라고 하죠?　　　[指定詞아니다]
　　あの人が担当じゃないって言ってるでしょう？

平叙形だけでなく, 勧誘形「Ⅰ-자」や命令形「Ⅱ-라」も同様に引用形を作ることができる.「Ⅲ-라」は引用形は作れない:

내일 같이 도서관 가자고 해요.　　　　[勧誘形の引用]
　　明日, 一緒に図書館に行こうって言うんです.
이걸 다 먹으라고 했어요.　　　　　　　[命令形の引用]
　　これをみんな食べろって言いました.

疑問形の引用では，動詞，存在詞は「Ⅰ-느냐」，「Ⅰ-냐」を，形容詞，指定詞には「Ⅱ-냐」という形を用いて引用形を作る：

언니도 같이 도서관에 가느냐고 그러는데요.
　　　　　　　　　　　　　　　　　　[疑問形の引用. 動詞]
　　お姉さん(あなた)も一緒に図書館に行くかって言ってますけど.
요새도 바쁘냐고 하는데요.　　　　　[疑問形の引用. 形容詞]
　　最近も忙しいかって聞いてますが.
그게 누구 거냐고 묻는데요.　　　　 [疑問形の引用. 指定詞]
　　それが誰のかって聞いてますけど.

「간다고 그래요.」(行くんですって)が「간다 그래요.」となるように，下称終止形の直後の語尾-고は，話しことばでは現れないことも多い：

또 같이 가자 그래? -- 네, 그래서 전 안 간다 그랬죠.
　　また一緒に行こうって言うの？
　　──ええ, それで私は行かないって言ったんですよ.

● 引用接続形 ＝ 한다体終止形＋接続形語尾
　　…するといいながら. …するというけど. …するというから. など

たとえば「行くといいながら(行かなかった)」といった形は，引用の動詞하다を用いて「간다고 하면서 (안 갔다)」とも表せるが，「간다면서 (안 갔다)」といった形も可能である．つまり「-고 하면서」から「-고 하-」を落として，「-면서」だけで済ませているようなもので，非常によく用いられる．実は，「-고 하-」を落としたと言うより，韓国語では한다形の終止形の後ろには，「-면서」(…しながら)などをはじめとする，多くの接続形語尾を直接つけるこ

とができるのである. ㄹで始まる接続形以外の, 第Ⅰ語基, 第Ⅱ語基につくほとんどの接続形語尾は概ね한다形終止形につけることができる. こうした形を**引用接続形**と呼ぶ.

　こうしたことを, -고に注目して見ると, -고の代わりに-며や-지만などの接続形語尾がつくと, 後の하다や그러다などの引用動詞が現れなくなるということでもある. その後ろには, 別の後続の要素が直接続くか, あるいは, その接続形語尾で文が終止する:

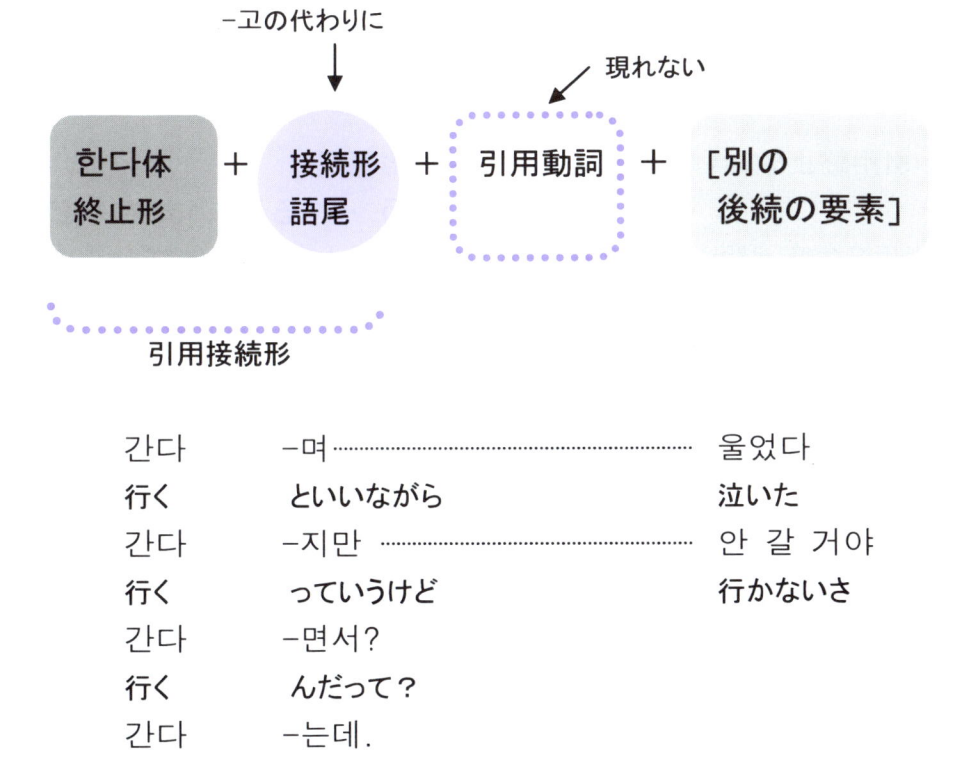

```
            -고の代わりに        現れない
                 ↓                ↙
 ┌─────────┐  ┌─────────┐  ┌─────────┐  ┌─────────┐
 │ 한다体  │+ │ 接続形  │+ │ 引用動詞│+ │ [別の   │
 │ 終止形  │  │ 語尾    │  │         │  │ 後続の要素] │
 └─────────┘  └─────────┘  └─────────┘  └─────────┘
 ·········································
         引用接続形
```

간다	-며	………………	울었다
行く	といいながら		泣いた
간다	-지만	………………	안 갈 거야
行く	っていうけど		行かないさ
간다	-면서?		
行く	んだって?		
간다	-는데.		
行く	っていうのに.		

● **引用連体形 ＝ 한다体終止形＋連体形語尾**
　　　　　　　…するという…．…するといっていた…．など

引用接続形と同様，-고の代わりに-는や-던など連体形語尾が한다形終止形の後ろに来ても，やはり後ろの引用動詞は現れない．これを**引用連体形**という．後ろには修飾される体言が来る:

간다	-는	사람
行く	という	人
간다	-던	사람
行く	といっていた	人

● **引用終止形 ＝ 한다体終止形＋終止形語尾**
　　　　　　　…するという．…するといいます．など

引用接続形，引用連体形と同じように，한다形終止形の後ろにさらに終止形語尾をつけることもできる．例えば，「한단다」は，한다という下称終止形のあとにさらに-ㄴ다という終止形語尾がついた形である．なお，第Ⅲ語基につく終止形語尾をつけるとき，한다形は한대という形になる．つまり한다形は次のような語基活用をするわけである:

한다形の語基活用	
第Ⅰ語基・第Ⅱ語基	第Ⅲ語基
한다	한대
한다 + -ㄴ다　한단다	한대 + -요　한대요
한다 + -ㅂ니다　한답니다	한대 + -ㅆ어요　한댔어요

● 한대요 (Ⅱ-ㄴ대요/Ⅰ-는대요). 하대요 (Ⅰ-대요)
　…するんですって. …するそうです. …するということです.
　　　　　　　　　　[平叙の引用終止形. 해요体]

「…する」「…した」などの平叙形を引用する形で,「한다고 해요」の意. 한다体の平叙の終止形の第Ⅲ語基한대に-요がついた形で, 敬意体である해요体に属す. 非敬意体である해体では-요を削除し, **한대(Ⅱ-ㄴ대/Ⅰ-는대). 하대(Ⅰ-대)**とすればよい.

「한다」の部分は下称終止形なので, 存在詞, 形容詞, 接尾辞-겠-や-ㅆ-につくときはⅠ-다, つまり辞書形と同じ形になる. 指定詞は-이래요という形になる. 母音語幹では-이が脱落して-래요となる:

動詞:母音語幹	Ⅱ-ㄴ대요	간대요	行くそうです
動詞:子音語幹	Ⅰ-는대요	먹는대요	食べるそうです
存在詞	Ⅰ-대요	있대요	あるそうです
形容詞		좋대요	良いそうです
接尾辞-겠-. -ㅆ-		오겠대요	来るそうです
指定詞	-이래요	책이래요	本だそうです
	아니래요	아니래요	違うそうです

지금도 배탈이 **난대요**.
　　今も下痢をしているそうです.
매운 것도 아주 잘 **먹는대요**.
　　辛いものもよく食べるそうですよ.
수진 씨 언니는 일본에서 **산대**.
　　スジンさんのお姉さんは日本に住んでるんだって.
어제 다 같이 벚꽃놀이 **갔대요**.
　　昨日, みんなで一緒に花見に行ったんですって.

방이 넓어서 생활하기엔 편하대.
　　　　　部屋が広くて, 生活するには楽らしいですよ.
　　　그 사람, 준호 애인이래. 벌써 사년이나 사귄대.
　　　　　あの人, チュノの恋人なんですって. もう4年も付き合ってるんですって.

● 하내요 (Ⅰ-내요)
　　　…するのかですって. …するかって聞いてましたよ.
　　　　　　　　　　　　　　[疑問の引用終止形. 해요体]
「…するのか」という疑問を引用する形で,「하냐고 해요」の意. 한다体の疑問の終止形の第Ⅲ語基に-요がついた形で, これも해요体に属す. 해体では-요を削除し, 하내(Ⅰ-내)(…するのかって. …するのかだって)とする. なお, ㄹ語幹の用言では, -ㄹが落ちた第Ⅱ語基に-내(요)がつく:

　　　민아는 니가 매운 것도 잘 먹내.
　　　　　ミナはお前が辛いものもよく食べるかだってさ.
　　　민아가 선생님 집이 크내요.
　　　　　　그래서 제가 "그럼, 크지" 그랬죠.
　　　　　ミナが先生のお宅は大きいかって聞くんですよ.
　　　　　　それで私が "もちろん大きいよ" って言っときましたよ.

● 하재요 (Ⅰ-재요)
　　　…しようですって. …しようって言ってましたよ.
　　　　　　　　　　　　　　[勧誘の引用終止形. 해요体]
「…しよう」という勧誘を引用する形で,「하자고 해요」の意. 한다体の勧誘の終止形の第Ⅲ語基に-요がついた形で, これも해요体. 해体では-요を削除し, 하재(Ⅰ-재)(…しようって)とする.

민아가 저한테 영화 구경 같이 **가재요**.
　　ミナが私に一緒に映画行こうですって.
민아가 너한테 점심 같이 **먹재**. 너, 갈 거야?
　　ミナがあんたにお昼一緒に食べようって. あんた, 行くの？

● 하래요 (Ⅱ-래요)
　　…しろですって. …しろって言ってましたよ. …するようにとの
　　ことです.　　　　　　　　　[命令の引用終止形. 해요体]
「…しろ」という命令を引用する形で,「하라고 해요」の意. 한다形の命令の終止形の第Ⅲ語基に-요がついた形で, これも해요体. 놀다(遊ぶ)が 놀래요(遊べですって)となるように, ㄹ語幹の用言は, ㄹが落ちない第Ⅱ語基に付く：

민아가 저한테 선생님이랑 영화 구경 같이 **가래요**.
　　ミナが私に先生と一緒に映画行けですって.
민아가 잠깐 여기 **있으래요**.
　　ミナがちょっとここにいるように言ってますよ.
할아버지가 시끄러우니까 저 쪽에서 **놀래요**.
　　おじいさんがうるさいから, あっちで遊べですって.

● 한댔어(요), 하냈어(요), 하쟀어(요), 하랬어(요)
　　…するって言ってました. …するかって言ってました. …しよう
って言ってました. …しろって言ってました.
　　　　　　　　　　　　　　　[引用の過去終止形. 해요体]
引用終止形を過去にするには上のような形にする. 引用とはもともと過去に述べられたことの引用なので, 実際の発話の場面では한대(요)のように

-ㅆ-がない形と，한댔어(요)のように-ㅆ-がついた形は, ほとんど意味の差はないが, 過去にそう言っていたということを明示的に述べたいときはこの形を用いることができる:

  매운 것도 아주 잘 먹는댔어요.
   辛いものもよく食べるってことでしたよ.
  강 선배가 나한테 교실에 휴강이라고 써 놓으랬어.
   姜先輩が僕に教室に休講って書いておけって言ってたよ.

● 한답니다 (Ⅱ-ㄴ답니다), 하냡니다 (Ⅱ-냡니다), 하잡니다 (Ⅰ-잡니다), 하랍니다 (Ⅱ-랍니다)
  …するとのことです. …するかとのことです. …しようとのことです. …しろとのことです.　　[引用終止形. 합니다体]

 引用終止形の해요体である한대요を합니다体にすると上のような形になるが, 話しことばでは해요体のほうがはるかにたくさん用いられ, これら합니다体のうち, 平叙の引用終止形である한답니다以外はそれほど用いられない:

  매운 것도 아주 잘 먹는답니다.
   辛いものもとてもよく食べるということです.

● 한단다 (Ⅱ-ㄴ단다), 하냔다 (Ⅱ-냔다), 하잔다 (Ⅰ-잔다), 하란다 (Ⅱ-란다)
  …するとのことだ. …するかとのことだ. …しようとのことだ.
  …しろとのことだ.　　　　　　　[引用終止形. 한다体]
 한단다 (Ⅱ-ㄴ단다) …するんだよ.　　[言い聞かせ. 한다体]
 引用終止形の해요体である한대요を한다体にするとこの形になる. 話しこ

218

とばでは，하냔다は**하낸다**，하잔다は**하잰다**，하란다は**하랜다**と発音されることが多い．この한다体の引用終止形は「…するということだ」という引用の意味のほかに，話しことばでは「…するんだよ」と，子供に言って聞かせたり，念を押して述べたりする，引用ではない意味にも用いられることが多い：

引用

요즘 일본에서도 매운 것을 좋아하는 사람들이 **많단다**.
近頃日本でも辛いものもよく食べるという．

言い聞かせ

친구랑 싸우고 지내면 안 **된단다**. 사이좋게 지내야 돼.
友たちと喧嘩ばかりしてちゃいけないんだよ. 仲良くしなさい.

会話3　明日休講だってさ：キャンパスで

01	석우	내일 일본어 수업 휴강이래.
02	민아	진짜? 어떻게 알았어?
03		조교한테 들었어.
04	석우	선생님께서 몸이 안 좋으셔서 병원에 가신대.
05		그래서 조교가 나보고 교실에 가서 칠판에 휴강이라고 써 놓으랬어.

01　［ソグ］　　明日の日本語の授業, 休講だって.
02　［ミナ］　　本当? 何で知ってるの?
03　［ソグ］　　助手の人から聞いたんだよ.
04　　　　　　先生は具合が悪くて病院に行かれるって.
05　　　　　　それで助手の人が僕に教室に行って黒板に休講って書いといてって言ってたのさ.

- ☐ 휴강   <休講> **休講**
- ☐ 조교   <助教> (大学の)**助手**
- ☐ 몸   **体**. **身体**.「몸이 안 좋다」は「具合が悪い」
- ☐ 병원   <病院> **病院**
- ☐ 교실   <教室> **教室**
- ☐ 칠판   <漆板> **黒板**
- ☐ 쓰다   **書く**.「써 놓다」は쓰다の「Ⅲ 놓다」(…しておく). (ⅠⅡ)쓰-.(Ⅲ)써-. 으活用

会話 4   お正月

01	준호	지은이네 집에서 설을 지내신다면서요?
02	가나	네, 참 재미있을 것 같아요.
03		아침에 일어나자마자 한복으로 갈아입고 웃어른께 세배를 하래요.
04		그러면 세뱃돈도 주신대요.
05		그리구 설날 떡국을 먹으면 나이를 한 살 더 먹는다고 하네요.
06	준호	떡국을 너무 많이 먹어서 나이를 더 많이 먹는 일이 없도록 조심하세요.

01 [チュノ] チウンさんのお家でお正月をお過ごしになるんですって?
02 [可奈] ええ, ほんと楽しいと思いますよ.
03 　　　　　朝起きたらすぐ韓国の服に着替えて, 目上の方にごあいさつをしろって言われました.
04 　　　　　そしたら, お年玉もいただけるんですって.
05 　　　　　それにお正月の日にお雑煮を食べると, 年を1歳取るそうですよ.
06 [チュノ] お雑煮を食べすぎて, 年を取りすぎないように気をつけてください.

□설	元旦. 正月
□지내다	過ごす. 暮す.「설을 지내다」は「正月を過ごす」
□참	[副] 本当に. とても. [名] 本当. 真. 真実
□일어나다	起きる. 起き上がる
□한복	<韓服> 韓国の民族衣装
□갈아입다	着替える
□웃어른	[우더른] 目上の年を取った方. 어른は「おとな」. 어린이は「子供」
□세배하다	<歳拝-> 新年の挨拶をする
□그러면	そうすれば. それなら
□세뱃돈	<歳拝-> お年玉
□설날	元日. 正月
□떡국	(韓国式の)雑煮. 떡は「餅」. 국は「スープ」
□나이	年. 年齢.「나이를 먹다」,「나이가 들다」は「年を取る」
□살	(固有数詞について)…歳
□조심하다	<操心-> 気をつける.「조심해」(気をつけて)「조심하세요」(気をつけてください)は, 日本語のように**人と別れるときなどの挨拶としては通常用いない**ので注意. 韓国語では危険に対して注意が必要なときや注意すべき対象を特定した場合に用いられる. 例えば,「차 조심하세요」(車, 気をつけてください).「운전 조심하세요」(運転, 気をつけてください)

제12과 ● ふられちゃいました

被ったことを述べる

여자 친구한테 채였어요

会話 I

ふられちゃってさ…

01	민아	오빠 오늘 왜 그렇게 안색이 안 좋아?
02	오빠	어제, 사귀던 여자 친구한테 채였어.
03		진짜야? 어쩐지.
04	민아	요즘 약속만 하면 계속 바람 맞구 오더라.
05		힘내, 내가 더 괜찮은 여자 친구 소개시켜 줄 테니까.

01 ［ミナ］　兄さん、今日何でそんなに元気ないの?
02 ［兄］　　昨日さ、付き合ってた彼女にふられたんだよ。
03 ［ミナ］　え、ほんと? それでか.
04 　　　　　このところ、約束したなって思ったら、いっつも待ちぼうけくらって帰って来てたなー.
05 　　　　　元気出して. 私がもっといい彼女紹介してあげるからさ.

□그렇게	そんなに.「그렇다」는「そうだ」.「이렇게」는「こんなに」.「저렇게」는「あんなに」
□안색	<顔色> 顔色.「안색이 좋다」「顔色がよい」「안색이 안 좋다」「顔色がよくない」「안색이 나쁘다」는「顔色が悪い」.
□사귀다	付き合う. 사귀던는 Ⅰ-던過去連体形.
□채이다	(異性などに)振られる.「振る」는 차다
□진짜	<眞-> [名][副] 本物. 本当. 本当に.「偽物」는 가짜<假->
□어쩐지	[副] どういうわけか. どうやら. なるほど. それでか. 어쩌다는 어찌하다의 短縮形.「どうする」. 어쩌다가는「たまたま」,「偶然」.
□약속	<約束> 約束
□계속	<繼續> [名] 継続. 続き. 引き続き. [副] ずっと.
□바람 맞다	(約束に)すっぽかされる. (異性に)振られる. 바람은「風」. 맞다는「当たる」.
□힘(을)내다	元気を出す. 力を出す
□괜찮다	大丈夫だ. 構わない. なかなかいい. (婉曲に断るとき)結構だ. なお, 断るときの「いいですよ」の場合,「괜찮아요」는 使えるが,「좋아요」는 使えない.
□소개하다	<紹介-> 紹介する.「소개(를)받다」는「紹介してもらう」.「소개(를)시키다」는「紹介してあげる」.「그 사람 좀 소개시켜 주세요」,「그 사람 좀 소개해 주세요」는「あの人, ちょっと紹介してください」

会話2

捨てられた犬 — 怒られた?

01	지은	어제 길에 버려진 강아지가 있어서 집으로 데려갔어요.
02	겐	혼나지 않았어요?
03	지은	저도 혼날 줄 알았는데, 오히려 칭찬을 받았어요.
04		식구들이 얼마나 좋아했는지 몰라요.

01 ［チウン］ 昨日道に捨てられた子犬がいて、家に連れて帰ったんですよ。
02 ［健］ 叱られませんでした?
03 ［チウン］ 私も怒られると思ったんだけど、かえってほめられたんですよ。
04 家族みんながほんとに大喜びしてるんですよ。

□버려지다	**捨てられる**. 버리다(捨てる)のⅢ-지다
□강아지	**子犬**. 개는「犬」.
□데려가다	**連れて行く**. 데려오다는「連れて来る」,「連れ戻す」
□혼(이)나다	**怒られる**. **叱られる**. **ひどい目に会う**. 「혼(을)내다」는「叱る」,「こらしめる」. 「叱る」는「나무라다, 꾸짖다」도.
□칭찬	<稱讚> **称賛**. **ほめること**. 「칭찬을 하다」는「ほめる」. 「칭찬을 받다」,「칭찬을 듣다」는「ほめられる」.
□식구	<食口>(通常, 共に生活している)**家族**. 家族の構成員. 一般的な「家族」는 가족.「다섯 식구」는「5人家族」.「다섯 가족」는「5人家族」,「5組の家族」の両方の意を持つ
□얼마나	**どれほど**. **どんなに**. **どれぐらい**. **いくらぐらい**. 「얼마나 …Ⅱ-ㄴ지 모르다」는「どんなに…したかわからない」,「とても…だ」.
□좋아하다	[他動詞] (-를/-을)(…が)**好きだ**. (…を)**好む**.
□모르다	[他動詞] (-를/-을)(…が)**わからない**. (…を)**知らない**. (ⅠⅡ)모르-. (Ⅲ)몰라-. 르変格

文法と表現

● **受身の形**

　自分が他に対して働きかける「…する」を**能動形**と呼び，他から自分に「…される」ことを表す形を**受身形**あるいは**受動形**と呼ぶ．韓国語では 수동형＜受動形＞あるいは피동형＜被動形＞という．受身の形には大きく分けて，次の3通りがある．いずれもどの接尾辞をつけうるか，動詞ごとに決まっている：

受身形 …される

① **動詞に接尾辞-이-, -히-, -리-, -기-などをつけた形**
　　쌓다(積む)：쌓이다(積まれる)
　　먹다(食う)：먹히다(食われる)

② **動詞に接尾辞-(아/어)지다 (Ⅲ-지다)をつけた形**
　　주다(与える)：주어지다(与えられる)
　　잊다(忘れる)：잊혀지다(忘れられる)

③ **-하다の代わりに接尾辞-당하다, -받다, -되다をつけた形**
　　압도하다(圧倒する)：압도당하다(圧倒される)
　　존경하다(尊敬する)：존경받다(尊敬される)
　　설명하다(説明する)：설명되다(説明される)

---

　②の方式は，書きことば的な文体で比較的多く用いられる．①の接尾辞は，受身だけでなく，使役や他動など，受身以外の意味を持つこともある．
　알다(知る)：알리다(知らせる)：알려지다(知られる)のように，①②が複合された形もある．また，쓰다(書く)：써지다(書ける)のように，受身の形を

とった動詞の中には,「自ずからそうなる」という自発の意味に用いられるものもある. また, 발전하다と발전되다のように, 形は異なっても,「発展する」というほとんど同じ意味になってしまうような動詞もある.

● 能動:受身と自動:他動

「能動:受身」と「他動:自動」は異なった概念である:

> 能動:受身＝動詞の形によって動作, 作用の方向を表す
>   能動「する」－受身「される」
> 他動:自動＝「…を」の有無で文の構造上の関係を表す
>   他動「…が…**を**…する」－自動「…が…する」

これらの関係は次のように二元的な関係になっている:

■自動詞:他動詞と能動:受身

	自動詞 -를/-을(…を)をとらない	他動詞 -를/-을(…を)をとる
能動「…する」	①自動詞能動文	②他動詞能動文
受身「…される」	③自動詞受身文	④他動詞受身文

①自動詞能動文	동생은 오늘 학교에 갔다. 弟は今日, 学校へ行った.	
②他動詞能動文	경찰이 범인을 잡았다. 警察が犯人を捕まえた.	
③自動詞受身文	범인은 경찰한테 잡혔다. 犯人は警察に捕まえられた.	
④他動詞受身文	나는 그 남자한테 손을 잡혔다 私はその男に手を捕まれた.	

「나 선생님한테 혼났어.」(僕は先生に叱られた)は文法的には①の自動詞能動文であり,「오늘은 비를 많이 맞았다.」(今日は雨にずいぶん濡れた)や,「어머니한테 야단을 맞았어.」(お母さんに叱られた),「또 바람(을) 맞았어?」(また待ちぼうけを食わされたの?)などは文法的には②の他動詞能動文であるが,意味的には受身的な意味を実現する.面白いことに,こうした例は日本語ではしばしば受身で現れる.

● **日本語の受身と韓国語の受身**

日本語では「…られる」という形で,受身形をかなり生産的に作ることができるのに対し,上で見たように,韓国語の受身形は動詞ごとに形作りがきつく定まっている.また,総じて,日本語に比べ韓国語のほうが受身形の使用頻度は低い.次のように日本語では「…される」という受身形で表現することを,韓国語では「…する」という能動形で表現することも多い:

日本語	韓国語	
雨に降られる	雨が降る	비가 오다
人に座られる	人が座る	사람이 앉다
…を言われる	…を聞く	듣다
	…が言う	말하다

今日は雨に**降られて**,大変だったよ.
　　오늘은 비가 많이 와서 혼났어.
　　　(今日は雨がたくさん降って,大変だったよ.)
きれいな方に横に**座られて**,課長,いいですね.
　　예쁜 분이 옆에 앉으셔서 과장님 좋으시겠어요.
　　　(きれいな方が横に座って,課長,いいですね.)

私，妹に先にお嫁に**行かれちゃったんです**.
  저, 동생이 먼저 시집을 가 버렸어요.
  （私，妹が先にお嫁に行っちゃったんです．）
そんなこと**言われたからって**，泣くことはないじゃない．
  그런 말을 들었다고 해서 울 건 없잖아.
  （そんなことを聞いたからって，泣くことはないじゃない．）
友達からそう**言われました**.
  친구가 그렇게 말했어요.

● 하더라/하던데(요)/하더라고(요)/하데(요)
 （Ⅰ-더라/던데(요)/더라고(요)/데(요)）
  …してたんだよ．…してたんですよ．［体験法］

 話し手の体験を聞き手に述べる形．聞き手はその体験を知らないであろうと思われる場合にのみ用いる．「（あなたは知らないだろうが）…してたんだよ」「…するんだよ」「…だったよ」などの意．

 目撃法とも呼ばれる．しばしば回想法の名でも呼ばれるが，回想を述べるには他にもいろいろな形があるので，回想法の名は好ましくない．

 体験法の敬意体，非敬意体は次のようになる：

敬意体	해요体	하데요 하더라고요 하던데요
非敬意体	해体	하데 하더라고 하던데
	한다体	하더라

純粋の하데(요)という形のみならず, 婉曲法하는데요と組み合わさった하던데(요)や, 引用形と組み合わさった하더라고(요)という形も하데(요)に代わって多用される. なお, 합니다体に相当する形は用いられない:

그 모임에 가니까 민아도 **있더라고**.
　　その集まりに行ったら, ミナもいたのよ.
요즘 약속만 하면 계속 바람 맞구 **오더라**.
　　近頃, 約束したかと思うと, いつもすっぽかされて帰ってたな.
가게에서 나오니까 우산이 **없더라고요**.
　　(店から出てきたら, 傘がないんですよ.)
설날에 저한테 세뱃돈까지 **주시던데요**.
　　(お正月に私にお年玉までくださいましたけどね.)
난 정말 이런 노래가 **좋더라고**.
　　(俺はつくづく, こういう歌が好きなんだよな.)

会話3　雨に降られて

01	현우	왜 이렇게 비를 맞고 오셨어요?
02	수진	편의점에 우산을 꽂아 놓았는데 다른 사람이 내 우산을 가져 갔나 봐요.
03		가게에서 나오니까 우산이 없어졌지 뭐에요.

01 ［ヒョヌ］　何でこんなに濡れて来たんですか?
02 ［スジン］　コンビニの前に傘を置いといたら、誰かに傘を持って行かれちゃったみたいなんですよ。
03 　　　　　　店から出てきたら、傘がなくなっちゃってるんですよ。

□비	雨.「雪」は눈.「비를 맞다」は「雨に降られる」. 「비가 내리다」,「비가 오다」は「雨が降る」. 「비가 그치다」は「雨がやむ」. 「비가 새다」は「雨漏りがする」,「雨が漏る」. 「눈을 맞다」は「雪に降られる」.「눈이 내리다」,「눈이 오다」は「雪が降る」.「눈이 그치다」は「雪がやむ」
□편의점	<便宜店> コンビニ
□우산	<雨傘> 傘.「우산을 쓰다」は「傘を差す」. 「우산을 켜다」,「우산을 펴다」は「傘を開く」. 「우산을 끄다」,「우산을 접다」は「傘を畳む」. 「우산을 같이 쓰다」は「一つの傘に一緒に入る」. なお, 양산<陽傘>は「日傘」.「접는 우산」は「折り畳み傘」.
□꽂아 놓다	挿しておく. 꽂다は「挿す, 差し込む」.「우산을 꽂다」は「傘を(傘立てに)挿しておく」
□다르다	異なる. 違う. 다른はⅡ-ㄴ連体形.「他の, 別の」. 르変格
□가게	(品物を売る)店. 飲食店などには普通用いない. 飲食店などは집を用いることが多い.「이 집 참 맛있어요」は「この店はほんとおいしいですよ」
□나오다	出て来る. 나가다は「出て行く」
□없어지다	(物, お金, 時間などが)なくなる

質問

困ったとき

〈말하기 어려운 곤란함을 느낄 때는 언제에요?〉

01	미팅에서 가장 싫어하는 타입의 남자가 옆에 올 때
02	모르는 아저씨가 도서관에서 코 골고 잘 때
03	친구가 자기 하고 싶은 말만 하고 전화를 끊을 때
04	수업 중에 딴 생각하고 있는데 선생님이 갑자기 시켰을 때

〈人に言えないような困ったときはどんな時ですか?〉

01	合コンで最も嫌いなタイプの男の人に隣に来られたとき.
02	見知らぬおじさんに, 図書館でいびきをかきながら寝られたとき.
03	友達に自分の話ばかりされて電話を切られたとき.
04	授業中に, 他のことを考えているのに, 先生に急に当てられたとき.

□곤란하다	<困難-> [形] 困る. 곤란함은 II-ㅁ 名詞形. 「困る」, 「困っている」は「곤란해하다」, 「곤란해하고 있다」という. 「곤란하고 있다」, 「곤란해서 있다」とは言わない
□느끼다	感じる. 느낌은「感じ」. II-ㅁ 名詞形. なお, 会話でよく用いられる「…する感じだ」は, 「…느낌」と言わず, 表現しないか, あるいは「用言の連体形＋것 같다」という表現を用いる. 「저 사람 참 괜찮은 사람인 것 같아.」 「あの人, なかなかいい感じね.」
□미팅	コンパ. ミーティング.
□가장	[副] 最も. 一番. 最高に
□싫어하다	[他動詞] 嫌がる. 嫌いだ. したがらない
□타입	タイプ
□아저씨	(親戚ではない)おじさん. 아주머니, 아줌마는(親戚ではない)「おばさん」.
□도서관	<圖書館> 図書館
□코	鼻.「코(를)골다」は「いびきをかく」. 「콧대가 높다」は「鼻高々だ」.「콧대가 세다」は「鼻っ柱が高い」.「코가 막히다」は「鼻が詰まる」.「코를 풀다」は「鼻をかむ」.
□끊다	切る. 断つ. やめる.「전화를 끊다」は「電話を切る」. 「담배를 끊다」は「たばこをやめる」.「술을 끊다」「お酒をやめる」. 「인연을 끊다」, 「발길을 끊다」は「縁を切る」.

第13課 / 제13과

● お昼ご一緒にいかがですか

提案する

점심 같이 드시겠어요?

会話 I

お昼一緒にいかが：職場で

01	민희	현우 씨, 점심 드셨어요?
02	현우	아뇨, 아직 안 먹었어요.
03	민희	그럼 같이 드시러 가시겠어요?
04	현우	네, 좋아요. 그런데 뭘 먹을까요?
05	민희	칼국수는 어때요?
06		길 건너편 칼국수 집이 아주 맛있더라구요.
07	현우	그럼 거기 한번 가 볼까요?

01	［ミニ］	ヒョヌさん，お昼召し上がりました？
02	［ヒョヌ］	いいえ，まだですけど．
03	［ミニ］	じゃ，一緒に食事に行きませんか？
04	［ヒョヌ］	あ，いいですね．ところで何を食べましょうか．
05	［ミニ］	カルグクス(切り麺)はいかがですか？
06		道の向こう側の切り麺屋は本当においしかったですよ．
07	［ヒョヌ］	じゃ，そこに行ってみましょうか．

- □ 그럼　　［接続詞］**それじゃ．じゃ．**［間投詞］**もちろん．そうだよ**
- □ 드시러　　드시다(召し上がる)のⅡ-러．
　　　　　하러(Ⅱ-러)は目的を表す
- □ 칼국수　　**カルグクス．切り麺**
- □ 건너편　　<-便> **向かい側．向こう側**

会話 2 　映画に行こうよ：デートに誘う

01	석우	있잖아, 저기 내일 영화 보러 안 갈래?
02	마키	영화요? 어, 좋아요.
03	석우	어, 정말? 그래, 그럼 뭐 볼까?
04		뭐든지 말만 해, 오빠가 다 보여 줄게.
05	마키	진짜요? 요즘에 "태극기 휘날리며"란 영화가 아주 재밌다던데.
06		그건 어때요?
07	석우	야, 잘됐다. 실은 나두 그거 보고 싶었거든.
08	마키	와, 신난다. 정말 잘됐네요.
09		내일이 정말 기대되는데요.

01	［ソグ］	あのさ，明日，映画見に行かない?
02	［真紀］	映画ですか? あ，いいですね.
03	［ソグ］	あ，ほんと? そう，じゃあ，何見ようか.
04		何でも言ってくれ．僕が何でも見せてあげるから.
05	［真紀］	え，ほんと? 最近"ブラザーフッド"っていう映画がとても面白いって言ってるけど.
06		あれどうですか.
07	［ソグ］	うん，そりゃいいな．実は僕もそいつが見たかったんだ.
08	［真紀］	うわ，うれしい．ほんと，ばっちりですね
09		明日がとっても楽しみです.

□ 있잖아	[間投詞] **あの. あのね.** **話しかける時, 前置き表現**として用いられる. 있다は「ある」.「-잖아」は「Ⅰ-지 않아」の(…しないよ)の短縮形. 第7課で見たように, 있잖아, 있잖아요は文字通りには「あるじゃない」「あるじゃないですか」だが, 間投詞的な使用では「あのね」「あのですね」ほどの意. この意では敬意体は해요体のみ用い, 합니다体の있잖습니까は用いない.
□ 그래	[間投詞] **うん. そうそう. わかった. そうしよう.** 会話における応答のことば. 目上の人や初対面の人には丁寧な形「그래요」を用いる. 元来「そうだ」の意の「그렇다」, あるいは「そうする」の意の「그러다」のⅢ 그래だが, ここでは間投詞化しており, 働きが異なる.
□ -만	[語尾] **…だけ.** ここでの「말만 해」は直訳すると「ことばだけしろ」だが, ここでは「何でも言ってくれ」の意
□ 보이다	**見せる.** 同音異義で「見える」の意もある 「보여 주다」は「見せてあげる」,「見せてやる」
□ Ⅱ-ㄹ게(요)	**…するから. …するからね.** 約束するような気持ちを表す. ➡14 課参照
□ 태극기	<太極旗> **太極旗.** 韓国の国旗の名称
□ 휘날리다	**翻る. ひらめく. はためく.** 휘날리다の휘は強さを表わす接頭辞
□ Ⅱ-며	**…しつつ, … しながら** '태극기 휘날리며'は韓国映画の題名
□ -란/-이란	**…とは.** 母音語幹には-란, 子音語幹には-이란
□ 잘됐다	**よかったね.**「잘됐네요」は「よかったですね」. このような「(都合などが)ちょうどよい」の意では 「좋았어」,「아주 좋았어요」とは言わないので注意
□ 신나다	(気持ちが)**浮かれる.** 신난다は「やった, うれしい, すごい, 素敵, 最高」
□ 기대되다	<期待-> **期待する. 楽しみだ.** 「기대하다」,「기대를 걸다」は「期待をかける」 「기대해 주세요」は「楽しみに待っていてください」

文法と表現

● 提案の表現

聞き手に何かを提案するには様々な形が使える. 聞き手と一緒に何かをやろうという提案は勧誘の意味になる：

```
하시겠어요?          (Ⅱ-시겠어요?)
                 …なさいますか
하지 않으시겠어요?    (Ⅰ-지 않으시겠어요?)
                 …なさいませんか
하시죠.              (Ⅱ-시죠.)
                 …なさったら
하는 게 어때요?       (Ⅰ-는 게 어때요?)
                 …するのはどうですか
할래요?              (Ⅱ-ㄹ래요?)
                 …しましょうか
안 할래요? / 하지 않을래요?   (Ⅰ-지 않을래요?)
                 …しませんか
하는 게 좋아요.       (Ⅰ-는 게 좋아요.)
                 …したほうがいいですよ
할까요?              (Ⅱ-ㄹ까요?)
                 …しましょうか
하지 그래요?          (Ⅰ-지 그래요?)
                 …したらどうですか
해 보세요.            (Ⅲ 보세요.)
                 …してみてください
```

제 차로 같이 가지 않으시겠어요?
　　　　私の車で一緒にお行きになりませんか.
　　부장님도 노래방 같이 가시죠. 재미있다니까요.
　　　　部長もカラオケに一緒に行きましょうよ. 面白いんですってば.
　　다음주에 영화 보러 가지 않을래?
　　　　来週, 映画見に行かない？
　　과장님도 운동하시는 게 좋아요.
　　　　課長も運動なさるのがいいですよ.
　　매운 것도 좀 드셔 보시지 그래요.
　　　　辛いものもちょっと召し上がってごらんになったら.

● 하러（Ⅱ-러）…しに　［目的］
　意志で左右しうる動作を表す動詞, 即ち意志動詞について「…しに」という目的を表す.「하러 간다.」(しに行く)のように, 後には가다（行く）, 오다(来る), 다니다(通う. 行き来する)といった移動動詞が来ることが多く, 하다(する)は来れない. 팔다(売る)が「팔러 간다.」(売りに行く)となるように, ㄹ語幹の動詞ではㄹが落ちない第Ⅱ語基につく:

　　같이 영화 보러 안 갈래?
　　　　一緒に映画見に行かない？
　　선생님도 같이 점심 드시러 가시겠어요?
　　　　先生もご一緒にお昼いかがですか？

● 하려고（Ⅱ-려고）…しようと. …しようとして. ［意図］
　これも意志動詞につく.「…しようと」「…しようとして」という意図を表す. 後に하다や그러다を用いて「하려고 하다」(…しようと思う, …しようとする)や「하려고 그러다」(…しようと思う, …しようとする)の形で多用されるほか, 後

には多様な動詞が用いられる. これも알다(知る)が「알려고 한다.」(知ろうとする)となるように, ㄹ語幹の動詞ではㄹが落ちない第Ⅱ語基につく. なお, 意志を表す様々な形については14課を参照:

선생님도 점심 드시려고 여기까지 오셨어요?
　　先生もお昼を召し上がろうと, ここまでいらっしゃったんですか.
기차표를 예매하려고 했는데 다 매진됐대요.
　　電車の切符を予約しようと思ったら, 全部売切れですって.
아, 벌써 돈 내셨어요? 제가 내려고 했는데요.
　　あ, もう払っちゃったんですか. 私が出そうと思ってたのに.
너 여기서 도대체 뭐 하려고 그래?
　　お前, ここで一体何しようってわけ?
어, 혼자 가려고? 누구랑 같이 가지 그래?
　　お, 一人で行くの? 誰かと一緒に行けば?

● 하나 보다 (Ⅰ-나 보다) …するようだ. …するみたいだ.
　한가 보다 (Ⅱ-ㄴ가 보다) …なようだ. …なみたいだ.
　　　　　　　　　　　　　　　　[話し手に写った印象様態]

あることがらが話し手にそのように写る, そのように見えるという印象を表す. 「私が想像するにこうだ」「私はこう思う」というような話し手の主観的な推量ではなく, 基本的には話し手の体験や話し手が得た情報をもとに, ことがらが話し手にはおのずとそのように写るということを言うもので, どこまでもことがらの方からの印象であることに力点がある. 動詞, 存在詞は「하나 보다」(Ⅰ-나 보다)という形を用い, 形容詞, 指定詞には「한가 보다」(Ⅱ-ㄴ가 보다)の形を用いる. 「…したようだ」「…したみたいだ」なら, 品詞を問わず「했나 보다」(Ⅲ-ㅆ나 보다)という形になる:

선배, 내일은 시간이 있나 봐. 괜찮다고 하던데.
　　先輩、明日は時間があるみたい。大丈夫だって言ってたよ。
더위를 타시나 보죠? 힘이 없어 보이세요.
　　暑さに弱いみたいですね。元気がなく見えますよ。
선생님이 요즘 건강이 안 좋으신가 봐. 오늘도 일찍 가셨지 뭐야.
　　先生、最近健康がすぐれないみたいよ。今日も早退なさったんだから。
어젯밤에 맥주를 너무 많이 마셨나 봐요.
　　昨日の夜、ビールを飲みすぎちゃったみたいです。
감기 들었나 봐요. 목이 좀 아프거든요.
　　風邪引いちゃったみたいですよ。のどがちょっと痛いんです。
걔, 선생님한테 혼났나 봐. 아까 화장실에서 울고 있더라.
　　あの子、先生に怒られたみたい。さっきトイレで泣いてたもん。

「했나 보다 했어요」(…したみたいだと思いました)という形はあるが、「했나 봤어요」のように보다를 過去形にする形はない。

会話3

お盆は故郷に：会社で

01	성준	추석 때 고향에 안 가세요?
02	현우	왜요, 안 그래도 KTX 표를 예매하려고 했는데 표가 다 매진됐대요.
03	성준	그럼 어차피 고향도 같은데 저희 차로 같이 가시지 않으시겠어요?

01 ［ソンジュン］ お盆のとき，実家にはお帰りになりませんか？
02 ［ヒョヌ］ いやいや，行きますよ，そうでなくてもKTXの切符を予約しようとしたんですが，全部売れ切れだそうです．
03 ［ソンジュン］ じゃ，どうせ故郷も同じ方向だし，僕の車でご一緒に行かれませんか？

- □추석 〈秋夕〉**チュソク**．陰暦8月15日．お盆に相当
- □왜요 **どうしてですか．なぜですか**．ここでは「どうして行かないことがあるでしょう，行きますとも，行かないはずがないんじゃないですか」の意．反語として用いている
- □안 그래도 **そうじゃなくても**
- □KTX ［케이티엑스］Korea Train Express. 韓国の新幹線
- □표 〈票〉**切符．チケット**．「표를 사다」，「표를 끊다」は「切符を買う」
- □예매하다 〈豫買-〉**前もって買う**
- □매진 〈賣盡〉**売り切れ**．매진되다は「売り切れる」
- □어차피 〈於此彼〉［副詞］**どうせ**

第14課

● お話したいと思います

意志を述べる

발표를 시작하도록 하겠습니다

会話 1

環境問題について：プレゼン

01	민희	오늘 저는 환경 문제에 대해서 여러분들께 말씀드리려고 합니다.
02		아울러 발표가 끝난 후 여러분과의 기탄없는 토론의 장을 마련하고자 하오니 많은 참여 부탁드립니다.
03		그럼 지금부터 발표를 시작하도록 하겠습니다.
04		우선 준비한 동영상부터 보여 드리겠습니다.

01	[ミニ]	本日, 私は環境問題について皆さんにお話させていただきたいと思います.
02		あわせて発表が終わった後, 皆さんとの忌憚なき議論の場を設けたいと思っておりますので, 奮ってご参加いただきますよう, お願い申し上げます.
03		それでは発表を始めさせていただきます.
04		先ずは用意した映像をごらんいただきたいと思います.

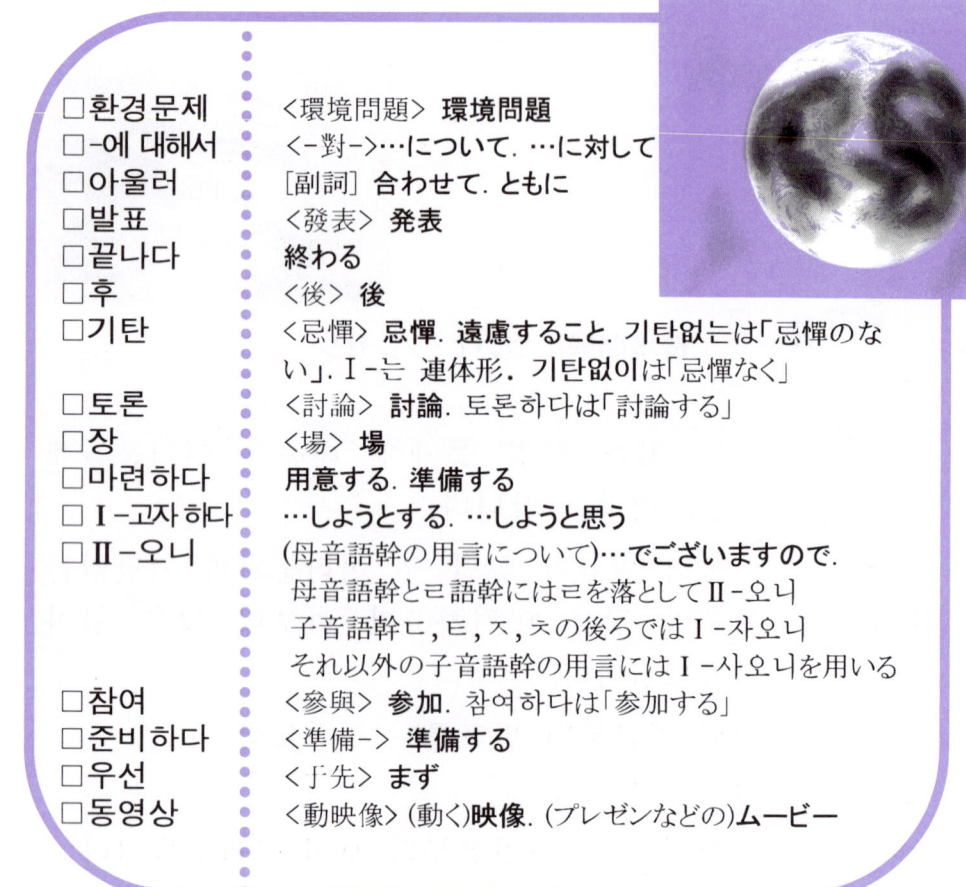

□환경문제	<環境問題> **環境問題**
□-에 대해서	<-對->…について. …に対して
□아울러	[副詞] 合わせて. ともに
□발표	<發表> **発表**
□끝나다	**終わる**
□후	<後> **後**
□기탄	<忌憚> **忌憚**. 遠慮すること. 기탄없는は「忌憚のない」. Ⅰ-는 連体形. 기탄없이は「忌憚なく」
□토론	<討論> **討論**. 토론하다は「討論する」
□장	<場> **場**
□마련하다	**用意する. 準備する**
□Ⅰ-고자 하다	…しようとする. …しようと思う
□Ⅱ-오니	(母音語幹の用言について)…でございますので. 母音語幹とㄹ語幹にはㄹを落としてⅡ-오니 子音語幹ㄷ,ㅌ,ㅈ,ㅊの後ろではⅠ-자오니 それ以外の子音語幹の用言にはⅠ-사오니を用いる
□참여	<參與> **参加**. 참여하다は「参加する」
□준비하다	<準備-> **準備する**
□우선	<于先> **まず**
□동영상	<動映像> (動く)**映像**. (プレゼンなどの)ムービー

会話2　禁句:入社試験を三日後に控えて

〈세상일이란 뭐든지 마음먹기에 달렸다.〉

01	준호	입사 시험이 앞으로 삼 일 남았으니까, 이제 이런 말은 절대로 하지 않을 거야.
02		단추가 떨어졌다, 구두가 떨어졌다, 화장지가 떨어졌다, 핸드폰 밧데리가 떨어졌다…
03	지은	알았어. 나두 이제 오빠 앞에서는 떨어졌다는 단어는 쓰지 않을게.
04		(그 때, 볼펜이 책상 위를 굴러가다 떨어진다.)
05	지은	아, 오빠 볼펜이 땅에….
06		(불길함을 느낀 그 순간!)
07	준호	어, 내 볼펜이 땅에 붙었네.

〈世の中のことは何でも気持ち次第だ〉

━━━━━━━━━━━━━━━━━━━━━━━━━━━━━━━━━━━

01 ［チュノ］　入社試験まで後三日だから，これからはこういうことばは絶対
　　　　　　　口にしないんだ．
02　　　　　　ボタンが取れてる，靴が擦り減ってる，ティッシュが切れてる，
　　　　　　　ケータイのバッテリーが切れてる…．
03 ［チウン］　わかった．私もこれからはチュノさんの前では"落ちた"
　　　　　　　っていう単語は使わないから．
04　　　　　　（そのとき，ボールペンが机の上を転がって落ちる．）
05 ［チウン］　あ，チュノさんのボールペンが下に…．
06　　　　　　（不吉な予感がしたその瞬間！）
07 ［チュノ］　お！　俺のボールペンが床についてる！

━━━━━━━━━━━━━━━━━━━━━━━━━━━━━━━━━━━

□세상일	<世上-> [세상닐] **世事**. 世間一般のこと
□-든지	[接続形語尾] **…しても. …でも**. 뭐든지は「무엇+指定詞-이- + -든지」の短縮形で「何であっても」「何でも」. 언제든지は「いつでも」. 어디든지は「どこでも」.
□마음	**心**. 「마음(을)먹다」は「心に決める」. 「마음(을)놓다」は「安心する」. 「마음(을)쓰다」は「気を使う」
□달리다	(…に)**左右される**. (…に)**かかる**. (…いかんに)よる. …次第だ. ぶら下がる. 同音異義語として「走る」, 「(力が)及ばない」もある
□입사 시험	<入社試験> **入社試験**
□앞으로	**これから. 今後**
□남다	**残る**. 남았다は「残った」「残っている」. 「後5分だ」「後5分残っている」は「오분 남았다」. 「試験を三日後に控えている」は「앞으로 시험이 삼일 남았다」
□이제	**今や. もう**.
□절대로	<絶對-> [절때로] [副詞] **絶対に**
□떨어지다	(-에…に)**落ちる**. (-에서…から)**離れる**. 「시험에 떨어지다」は「試験に落ちる」
□단추	**ボタン**. 「단추가 떨어지다」は「ボタンが取れる」. 「단추가 풀어지다」は「ボタンが外れている」. 「단추를 끼우다」, 「단추를 채우다」, 「단추를 잠그다」は「ボタンをかける」, 「ボタンをはめる」
□구두	**靴**. 「구두가 떨어지다」は「靴が擦り減る」
□화장지	<化粧紙> **トイレットペーパー. ちり紙. ティッシュ** 「화장지가 떨어지다」は「トイレットペーパーが(みな使ってしまって)切れる」

□핸드폰	携帯電話.
□밧데리	バッテリー. 標準語では배터리であるが, 通常は밧데리という. 「충전이 다 되다」, 「밧데리가 다 되다」, 「밧데리가 나가다」, 「밧데리가 떨어지다」は「充電が切れる」, 「バッテリーが切れる」
□굴러가다	転がってゆく
□Ⅰ-다	[接続形語尾] …する途中で. …しかけて→5課
□땅	地面. 土地
□불길하다	<不吉-> 不吉だ. 縁起が悪い. 불길함はⅡ-ㅁ名詞形.「不吉な予感」
□느끼다	感じる. 日本語の話しことばの中で名詞形でよく現われる「…感じ」, 例えば「いやな感じです」, 「週末って感じです」などの表現は「싫은 느낌이에요」, 「주말이라는 느낌이에요」のように느끼다の名詞形느낌を使っては言わないので注意. これらは「왠지 싫어요」(なぜかいやです)「주말 같아요」(週末みたいです)などのように用言で表現されることが多い.
□순간	<瞬間> 瞬間
□붙다	つく. 合格する. 受かる. 「땅에 붙다」は「地面につく」. 「시험에 붙다」は「試験に受かる」

文法と表現

● プレゼンテーションなど公式の場での表現

　プレゼンテーションなど改まった公式の場の表現では，해요体よりフォーマルな합니다体を基本にするのがよい．해요体ではくだけた印象を与える．また，「하세요.」「하십시오.」(してください)と直接的な命令形を用いる代わりに，「해 주시기 바랍니다.」(してくださるようお願い申し上げます)といった，丁重な表現も好んで用いられる：

> 이렇게 기회를 주셔서 대단히 감사합니다.
> 　このような機会を頂戴いたしまして，ほんとうにありがたく存じます．
> 십오분 정도 말씀드린 후에 질의응답 시간을 갖도록 하겠습니다.
> 　15分ほどお話させていただいてから，質疑応答の時間を持ちたいと存じます．
> 그럼 우선 그림을 봐 주시기 바랍니다.
> 　それではまず図をごらんいただきたいと思います．
> 지금까지 발표를 들어 주셔서 대단히 감사합니다. 이것으로 발표를 마치도록 하겠습니다.
> 　ご清聴，ありがとうございました．これで発表を終わらせていただきたいと存じます．

● 意志の表現

　話し手の意志を述べるには，様々な表現がある．基本的には，話し手の意志で左右できるような動作を表す動詞で，動作の主体を話し手に設定し

て，まだ起こっていないことを述べれば，多かれ少なかれ意志的な動作を表すことになる．

例えば「저는 내일 한국에 갑니다.」(私は明日韓国へ行きます)なら，動作の主体は話し手「저」(私)であり，動作は「한국에 가다」(韓国へ行く)，そしてその動作はまだ起こっていないので，結局自分について自分で自分の動作を述べることとなり，話し手の意志を表すことになる．よく-겠-を用いた하겠다(Ⅰ-겠다)という形が意志形であるというようなことが言われるが，**意志を述べる際に常に하겠다(Ⅰ-겠다)という形を用いるわけではないの**である．様々な形があって，どれを使っても同じというわけにはゆかない．

● 意志の表現の基本的な型
●話し手の意志を述べる基本的な型を見よう：

話し手の意志を表す主な型
① 한다 (Ⅰ-는다/Ⅱ-ㄴ다) [既然確言法]「…する」
　　해요 (Ⅲ-요) / 합니다 (Ⅰ-습니다/Ⅱ-ㅂ니다)
　　「(既に)…することになっているのだ」と述べる気持ち．
② 하겠다 (Ⅰ-겠다) [将然判断法]「…する」「…するぞ」
　　하겠어요 (Ⅰ-겠어요) / 하겠습니다 (Ⅰ-겠습니다)
　　話の現場でまさに今そう判断する気持ち．
③ 할 것이다 (Ⅱ-ㄹ 것이다) [推量法]「…するさ」「…するだろう」
　　할 거에요 (Ⅱ-ㄹ 거에요) /
　　할 것입니다 (Ⅱ-ㄹ 것입니다)
　　話の現場にない自分のありさまを想像しながら述べる気持ち．

④ 할란다 (Ⅱ-ㄹ란다) / 할래 (Ⅱ-ㄹ래)
　　[意向法]「…する」「…したい」
　　할래요 (Ⅱ-ㄹ래요)
　　「…したい」「うん, やるやる」と積極的な意向を示す気持ち.
⑤ 할게 (Ⅱ-ㄹ게) [約束法]「…するから」
　　할게요 (Ⅱ-ㄹ게요)
　　「…するから」「…するからね」と約束するような気持ち.
⑥ 하려고 하다 (Ⅱ-려고 하다) [意図]「…しようと思う」
　　하려고 해요 / 합니다 (Ⅱ-려고 해요 / 합니다)
　　「…しようと思っている」と思いを述べる気持ち. 13課参照.

　上の語形はそれぞれ異なっているので, どれも意志を表すからといって, いつでも言い換えうるわけではない. どのような気持ちで述べられる意志か, ということに注目しながら学ぼう. ①-④は, それぞれ疑問形で聞き手の意志を尋ねるのに用いられる:

　　다음달 나 한국 간다. 너도 같이 갈래?
　　　来月は俺, 韓国に行くんだ. お前も一緒に行く?
　　　(「俺は行くことになってるんだ」けど「お前, 行く気ある?」という気持ち)

　　이 일은 누가 해요? - 그건 제가 합니다.
　　　この仕事は誰がやるんですか? - それは私がやります.
　　　(「私が既にやることになっています」という気持ち)

이 일은 누가 **해요**? – 아, 그건 제가 **하겠습니다**.
この仕事は誰がやるんですか？
－あ, それは私がやらせていただきます.
(「私がやります」と, 今判断して決めた気持ちを表す)

이 일은 누가 **해요**?
　– 아, 그건 제가 **할게요**. 걱정하지 마세요.
この仕事は誰がやるんですか？
－あ, それは私がやりますから. ご心配なく.

다음달엔 누가 한국 **가요**? – 제가 **갈 거에요**.
来月は誰が韓国に行くんですか. －私が行きますよ.
(「おそらくそうなる」と, 話の現場にない自分を描く気持ち)

오늘은 환경문제에 대해서 **말씀드리려고 합니다**.
今日は環境問題についてお話させていただこうと思います.
(「そのように考えている」という考えを述べる)

어, 웬일이세요? – 오늘은 좀 일찍 **들어가려고요**.
あ, どうなさったんですか？
－今日はちょっと早めに帰ろうと思って(なんですよ).
(「そのように考えている」という考えを述べる. 中断の丁寧化語尾-요を使用している)

上のような基本的な形のほかにも，接続形Ⅰ-도록(…するように)を用いた「**하도록 하겠다**」という形も「(これまではそうでなかったけれども)これからそのようにする」という気持ちを表すのに用いられる

  그럼 발표를 **시작하도록 하겠습니다**.
   それでは発表を始めさせていただきたいと思います．
   (「始めるようにもってゆきたい」「始めることにしたい」という考えを述べる)

会話3 　　春川に行きましょうか

01	수진	내일 춘천에 가려고 하는데 히카루 씨 춘천에 가 보신 적 있으세요?
02	히카루	춘천엔 한번도 가 본 적이 없는데요.
03	수진	안 가 보셨으면 같이 갈래요?
04	히카루	네, 괜찮으시다면 따라갈래요.

01 ［スジン］　明日春川に行こうと思ってるけど，光さん，春川に行かれたことありますか?
02 ［光］　　　春川には一度も行ったことありませんが．
03 ［スジン］　行ったことないんなら，一緒に行きませんか?
04 ［光］　　　ええ．よろしかったら，ついて行きますよ．

□춘천
□Ⅱ-ㄴ 적이 있다
□괜찮으시다면
□따라가다

<春川> 春川．韓国の江原道(강원도)の地名
…したことがある．
「Ⅱ-ㄴ 적이 없다」は「…したことがない」．経験を表す
괜찮다のⅡ-시-．괜찮으시다＋면の引用接続形
ついていく．追っていく．追いつく．따라오다は「ついてくる」，「追いつく」．「따라다니다」は「ついて回る」，「追い回す」，「つきまとう」

会話 4 　　何を召し上がりますか

01	민희	뭘로 하시겠어요?
02	현우	전 수정과로 하겠습니다.
03	민희	전 식혜로 할래요.
04		여기요, 주문할게요.
05	점원	네, 손님.
06	민희	여기 수정과 하나, 식혜 하나 주시겠어요?

01 ［ミニ］　　何になさいますか?
02 ［ヒョヌ］　私は水正果(スジョングァ)にします．
03 ［ミニ］　　私は食醯(シッケ)にします．
04 　　　　　　すみません．注文していいですか?
05 ［店員］　　はい, お客様．
06 ［ミニ］　　あの水正果ひとつ, 食醯ひとついただけますか?

- 수정과　　〈水正果〉スジョングァ
- 식혜　　　〈食醯〉シッケ
- 주문하다　〈注文-〉注文する
- 손님　　　お客さん．お客様．企業などではさらに改まった「고객님〈顧客-〉」も一部で用いられる

第15課 제 과

● 雨が降るでしょう

判断を述べる. 推量を述べる

비가 오겠습니다

会話 1

天気予報

01	캐스터	내일의 날씨를 알려 드리겠습니다.
02		내일은 전국적으로 구름이 많이 끼는 날씨가 되겠습니다.
03		서울 경기지방은 흐리다가 한때 비가 오는 곳이 있겠습니다.
04		중부지방은 오후가 되면서 구름이 개이며 점차 맑은 날씨가 되겠습니다.
05		기온도 올라가 따뜻한 날씨가 될 것으로 예상됩니다.

01	［キャスター］明日の天気をお伝えいたします．
02	明日は全国的に曇りでしょう．
03	ソウル京畿地方は曇りのち，ところによっては一時雨が降るでしょう．
04	中部地方は午後になると，曇りから次第に晴れ間が広がるでしょう．
05	気温も上がって，暖かくなりそうです．

□캐스터	キャスター
□날씨	天気
□알리다	知らせる. 告げる. 알다は「知る」、「わかる」
□전국	<全國> 全国
□-적	<的> [接尾辞] …的. 漢字語あるいは外来語の後ろに付く.「-적인」は「…的な」.「-적으로」は「…的に」.「…的だ」は「-적이다」.「…的ではない」は「-적이지 않다」、「적이 아니다」の2つの形がある. 日本語のくだけた会話でよく用いられる「私(わたし)的には」、「気持ち的には」のような表現はしない
□구름	雲
□끼다	(雲, 霧, 煙などが)かかる. 立ちこめる
□서울	ソウル. 韓国の首都
□경기지방	<京畿地方> [-찌-] 京畿地方
□흐리다	曇る
□한때	一時. 時々. ひととき
□곳	[名] 場所. 所 不完全名詞の「데」に比べ書きことば的
□중부지방	<中部地方> [-찌-] 中部地方
□개다	(雨や雲が) 晴れる. 標準語では개다であるが, しばしば 개이다形も現れる
□점차	<漸次> だんだん. 次第に. 徐々に
□맑다	[形] 晴れている. 澄んでいる. [動] 晴れる.
□기온	<氣溫> 気温
□올라가다	(気温や値段などが)上がる. (階段や山などを)登る
□따뜻하다	暖かい
□예상	<豫想> 予想. 예상되다は「予想される」. 예상하다は「予想する」

会話2　韓国語の実力は？

01	조교	가나 씨는 한국어 실력이 어느 정도에요?
02	준호	글쎄요? 일상회화는 문제 없는 것 같던데요.
03	조교	뉴스나 영화 같은 것도 자막 없이 다 알아들어요?
04	준호	다는 못 알아들어도 대충은 알아들을 걸요.
05	조교	일년밖에 안 됐는데 정말 대단하네요.

01 ［助手］　可奈さんの韓国語の実力はどの程度ですか.
02 ［チュノ］　そうですね, 日常会話は問題なさそうでしたけど.
03 ［助手］　ニュースや映画なんかも字幕なしで全部聞き取れるんですか?
04 ［チュノ］　全部は聞き取れなくても, だいたいはわかるんじゃないですか.
05 ［助手］　一年しか経ってないのに, 本当たいしたもんですね.

□실력	<實力> 実力
□글쎄	［間投詞］ **さあ**. **まあ**. 相手の発話に対しどう答えればいいのかを考える際, 間つなぎの発話. 丁寧な表現は글쎄요. 同意を求められた際の「さあ…どうですかね」といった婉曲的な否定の返事にも用いる
□일상	<日常> 日常.「일상회화」は「日常会話」
□뉴스	ニュース
□자막	<字幕> 字幕
□다	全部. すべて. みんな
□알아듣다	聞き取る. 理解する.「못 알아듣다」は「聞き取れない」,「聞き取れていない」.「안 알아듣다」とは言わない.「알아보다」は「見てわかる」.「見わけられる」
□대충	おおまかに. 大体
□대단하다	ものすごい. たいへんだ. たいしたものだ

文法と表現

● 推量と推量でないもの

　推量とは，発話の現場にないことがらを話し手が推し量って述べることをいう．日本語では「(おそらく)…するだろう」という形が推量の典型的な形だが，これに相当するのが「할 것이다」(Ⅱ-ㄹ 것이다)という形である．この形の前には하면（Ⅱ-면）（…すれば）という形もよく用いられる：

> **推量の典型的な形**
> 하면　　　아마　　　할 것이다
> …すれば　おそらく　…だろう

　これに対して，「…するようだ」「…するみたいだ」の意を表す，先の13課で見た「하나 보다」(Ⅰ-나 보다)/「한가 보다」(Ⅱ-ㄴ가 보다)は，「話し手にはそのように写る」という印象，様態を表すもので，推量とは区別するのがよい．どこまでも「ことがらが話し手にはそのように写る」，「そのように見える」という，ことがらの方からの印象を述べるものである：

> **話し手に写ったことがらの印象，様態を表す形**
> **＝推量ではない**
> 하나 보다 / 한가 보다
> …するようだ

● 할 것이다 （Ⅱ-ㄹ 것이다）
　　　　　　…するだろう．…すると思う． ［推量］

　推量の典型的な形．発話の現場から時間的あるいは空間的に離れたことがらを話し手が推し量って述べる．日本語で「…すると思う」で表されることのかなりの部分はこの形で表すことができる．「ㄹ連体形＋不完全名詞것（もの）＋指定詞-이다」という構造なので，것の話しことば形거を用いたり，指定詞の様々な形を用いるなどの組み合わせで，いくつかのヴァリエーションができる：

> 할 거야．할 거다．할 거에요．할 겁니다．할 것입니다．

　ただし「할 것이야」や「할 것이에요」といった，話しことば形と書きことば形を混ぜた形は，文法的に間違いではないが，実際にはほとんど用いられない．
　また，「그건 제가 할 거에요．」（それは私がやります）などのように，意志動詞を用いて，動作の主体を話し手にすると，14課で見たごとく，話し手の意志を表すことになる．推量は基本的に主体の意志で左右できないことに用いられる．主体は聞き手や第三者であることが多い．話し手が自分自身のことを推量する場合は，用言は話し手の意志で左右できないことがらを表す無意志用言が来る：

用言＼主体	推量のⅡ-ㄹ 것이다 …すると思う．…するだろう．	
	話し手	聞き手，第三者
意志用言	意志を表す	
無意志用言		推量を表す

아 점점 추워지네요. 내일은 아마 눈이 **올 거에요**.
　あ、だんだん寒くなりますね. 明日はたぶん雪が降りますよ.
　　　　＝主体は눈(雪)で, 動詞は無意志動詞오다(降る)

할아버지는 오래 **사실 거에요**. 건강하시잖아요.
- 아니야. 난 오래 **못 살 거야**.
　おじいさんは長生きなさると思いますよ. あまりにお元気ですもの.
　－いいや. 私は長くは生きられんさ.
　　　　＝無意志動詞사시다(生きられる)の主体は聞き手である
　　　　선생님(先生). 無意志動詞句「오래 못 살다」(長生きでき
　　　　ない)の主体は話し手自身.

● 했을 것이다 （Ⅲ-ㅆ을 것이다）
　…しただろう. …したことだろう. …したと思う.
　　　　　　　　　　　　　　　　[過去の事柄についての推量]

　「…しただろう」「…したと思う」という, 発話の現場から見て時間的に過ぎ去った, 過去のことがらについての推量は,「**했을 것이다**」（Ⅲ-ㅆ을 것이다）という形を用いる. なお,「할 것이었다」のように, 後の指定詞を過去にした形は, 誤用というべき形であるにもかかわらず, 小説などでは極めて稀に現れる. これはいわば「…するべきことであった」「…するだろうことであった」というようなもので, もう推量とはいえないし, 用いないのがよい. そもそも推量とは, どこまでも話の現場で行う営みなので, 推量することそれ自体を過去にするなど原理的にできないのである:

동경이　이렇게　춥다면　홋카이도는　아마　눈이　왔을
　거에요.
　　　　東京がこんなに寒いんだったら，北海道はおそらく雪が降ったと
　　　　思いますよ.

● 하겠다（Ⅰ-겠다）/ 하겠어(요)（Ⅰ-겠어(요)) / 하겠습니다
　（Ⅰ-겠습니다）
　　…しそうだ．［将然判断］
　하겠다（Ⅰ-겠다)は「…しそうだ」という，発話の現場における話し手の
判断を表す．推量ではないので，推量の「할　것이다」（Ⅱ-ㄹ　것이다)と比
べると違いがよくわかる：

	将然判断の「하겠다」	推量の「할 것이다」
基本的な意味	…しそうだ	…するだろう
話の現場との関わり	現場的	非現場的
話の現場における発見的感嘆を表す하네요(…ですね)形との組み合わせ	よく用いられる ○ 하겠네요	用いられない × 할 거네요
意志を表す場合	話の現場での判断	想像された 結果像としての意志
文体との関わり	話しことばで多用される	話しことば，書きことば とも多用される
副詞아마(おそらく)	ほとんど用いない × 아마…하겠다	よく用いられる ○ 아마…할 것이다
頻度の高い用言	알다(わかる)， 모르다(わからない)が とりわけ多い	多様に分布

아마(たぶん．おそらく)と一緒には普通は用いないが，Ⅰ-지(요)がついた「…するさ」の意を表す하겠지는，「아마 하겠지」(たぶん…するさ)の形も用いられる．また発話の現場での発見的な感嘆を表す하네(요)（Ⅰ-네(요)）形と組み合わせた하겠네요という形がよく用いられるのに対し，非現場的なことがらへの推量を現す「할 것이다」と組み合わせた할거네요という形は用いられない．用いられる用言は，하겠다では알다(わかる)や모르다(わからない)に用いられた알겠다や모르겠다の頻度が非常に高いが，これらは常に話し手を主体にして用いられ，聞き手や第三者を主体にして用いられることはないという特徴がある．

하겠다は，主体が話し手かどうか，用言が意志用言かどうかによって，多様な意味を実現する：

　내일의 날씨를 **알려 드리겠습니다**．
　　明日のお天気をお伝えいたします．
　　　＝主体は話し手で，用言は意志動詞．意志．

　아 이 논문，너무 어려워서 뭐가 뭔지 잘 **모르겠다**．
　　あ，この論文，あまりに難しくて何が何だかよくわからないな．
　　　＝主体は話し手で，用言は無意志動詞．

　일이 너무 힘들어서，**죽겠다，죽겠어**．
　　　あ，仕事きつくて死にそうだ，もうだめ．
　　　＝主体は話し手で，用言は無意志動詞．

　따님이 미국에 가셔서，**쓸쓸하시겠어요**．
　　娘さんがアメリカに行かれて，(では)おさびしいでしょう．
　　　＝主体は聞き手で，用言は無意志用言の形容詞．

전국적으로 구름이 많이 낀 날씨가 **되겠습니다**.
　　全国的に雲の多い天気となりそうです.
　　　　　＝主体は第三者「天気」で, 用言は無意志動詞.

다음은 교장 선생님 말씀이 **있겠습니다**.
　　次は校長先生の, お話がございます.
　　　　　＝主体は話し手でも聞き手でもなく, 用言は無意志動詞.

이러다가 늦겠다.
　　こんなことしてたんじゃ, 遅れそうだ.
　　　　　＝主体は話し手で, 用言は無意志用言の形容詞.

야, 단추 떨어지겠다.
　　おい, ボタンとれそうだよ.
　　　　　＝主体は第三者「ボタン」で, 用言は無意志動詞.

14課で見たように, 動作の主体が話し手で, 意志動詞に用いられると, 話し手が現場で判断した意志を表す. 過去の接尾辞を入れた**했겠다**（**Ⅲ－ㅆ겠다**）という形は,「…していそうだ」「…してしまっているさ」という, 発話の現場における判断を表す:

두 시에 출발했으니까 지금쯤은 **도착했겠다**.
　　２時に出発したから, 今頃は着いてそうだな.

● 할 텐데(요) (Ⅱ-ㄹ 텐데(요))　…するだろうに．…だろうから．
…するでしょうに．…しそうなものですが．

　　　　[接続形：推量を伴った前提] [終止形：不満などを伴う推量]

　「할 텐데(요)」は，「ㄹ連体形＋不完全名詞터＋指定詞-이다の第Ⅱ語基＋婉曲な語尾-ㄴ데(요)」という構造．터は「ところ」の意の不完全名詞．逐語訳すれば，「するべきところであるのに」といったところ．丁寧化語尾-요がつけば敬意体で丁寧になる．動詞，形容詞など，用言なら何にでも使える．

　同じ形が接続形と終止形の両方で用いられる．接続形では，話し手の思いを後に述べるための，話し手の主観的な推量を伴った前提を表す．後には話し手が意外に思うことや，こうしてほしいと思うこと，聞き手に対する訴えなどが来ることが多い．

　終止形では，「(当然)…するだろうに」といった，話し手の主観的な推量を述べるのに使う．「(当然)…するだろうに，いったいどうして…」のような，話し手の不満の気持ちなどが伴うことが多い．「…しただろうに」という過去の推量を伴った前提は「했을 텐데(요)」(Ⅲ-ㅆ을 텐데(요))という形を用いる：

　　거기까지 걸어서 가는 건 좀 힘들 텐데요.
　　　　そこまで歩いて行くのは，ちょっと大変そうですけど．
　　지금은 시간도 없을 텐데 그건 나중에 하지 그래요.
　　　　今は時間もないでしょうに，それはあとでやったらどうですか．
　　강 대리는 돈도 없을 텐데 어떻게 그런 비싼 차를
　　샀는지 이해가 안 돼.
　　　　姜係長はお金もないだろうに，何であんな高い車を買うのか，理解に苦しむな．
　　두 시에 출발했으니까 지금쯤은 도착했을 텐데요.
　　　　2時に出発したから，今頃は着いてそうなものですが．

● 할 걸(요)　(Ⅱ-ㄹ 걸(요))
　　　　　　　…するでしょうよ. …するでしょうに.
　　　　　　　…するだろうよ. …するだろうに.
　話し手の推理を表す. やや確信を持って, かつ傍観者的な態度でことを推量して述べるのに用いる.「해 둘 걸」p.157:

　　그렇게 말하면 오해하실 걸요.
　　　こういうふうにいうと, 誤解するでしょうよ.
　　지금쯤이면 사무실에 있을 걸요.
　　　今ごろは事務室にいるでしょう.

● 하는/한 모양이다　　　　[連体形+모양+指定詞-이다]
　　　　　　　　　　　　　…するようだ.
　ことが話し手にはそのように写るという述べ方である.「하는/한 모양이었다」(…するようだった)という過去形でも用いうる:

　　석우는 일본에 **간 모양이에요**. 통 안 보이네요.
　　　ソグは日本に行ったみたいですね. 全然見かけませんね.
　　요즘에 **바쁘신 모양이에요**. 연락도 없으시구.
　　　最近お忙しいんですね. ご連絡もないし.

会話3　ソウル劇場は？：道で

01	겐	저 죄송합니다만, 서울극장엘 가고 싶은데, 여기서 어떻게 가야 합니까?
02	아저씨	서울극장은 여기서 걸어서 가기는 좀 힘들 텐데요.
03	겐	그렇습니까?
04	아저씨	일단 이 길을 똑바로 가다가 세번째 신호등을 왼쪽으로 돌아가면 보일 거에요.
05	겐	예, 고맙습니다.

01 ［健］　　　あの, すみません. ソウル劇場に行きたいんですけど, ここからどうやって行けばいいんですか?
02 ［おじさん］ソウル劇場はここから歩いていくのは無理なんじゃないかな.
03 ［健］　　　あ, そうですか?
04 ［おじさん］とにかく, この道をまっすぐ行って3番目の信号を左へ曲がると見えますよ.
05 ［健］　　　はい, ありがとうございました.

- □ 극장　　　<劇場> **劇場. 映画館**
- □ -엘　　　-에를の短縮形. -에(…に)の強調
- □ 걷다　　　**歩く**. (Ⅰ)걷-. (Ⅱ)걸으-. (Ⅲ)걸어-. ㄷ変格
- □ 일단　　　<一旦> [일딴] **いったん. ひとまず**
- □ 똑바로　　**まっすぐ. 正直に. ありのままに.**「똑바로 가다」,
　　　　　　「쭉 가다」は「まっすぐ行く」「ずっと行く」
- □ 신호등　　<信號燈> **信号**.「신호등을 건너다」,「횡단보도를
　　　　　　건너다」は「横断歩道を渡る」.「신호등이 바뀌다」は
　　　　　　「信号が変る」.「신호등에 파란불이 켜지면
　　　　　　건너가요」は「信号が青になったら渡りなさい」.
　　　　　　「신호등이 빨간불이다」は「信号が赤だ」
- □ 돌아가다　**曲がって行く. 遠回りする. 回っていく**
　　　　　　(元のところへ)帰る

会話4　コピーがトラブった

01	성준	복사가 잘 안 되시나 보죠?
02	수진	네, 양면 복사를 하려고 했는데 종이가 안에서 걸린 모양이에요.
03	성준	담당자에게 물어 보셨어요?
04	수진	아뇨, 귀찮아할까 봐 못 물어 보겠어요.
05	성준	그래도 물어 보시면 잘 가르쳐 주실 거에요.

01　［ソンジュン］　コピーがうまくいかないみたいですね.
02　［スジン］　　　ええ, 両面コピーをしようと思ったのに, 紙が中で引っかかったみたいなんですよ.
03　［ソンジュン］　担当の人に聞いてみましたか?
04　［スジン］　　　いや, 迷惑になりそうで, なかなか聞けないんですよ.
05　［ソンジュン］　でも聞いたら, 詳しく教えてくださいますよ.

□복사	<複寫> コピー. 카피とも言う
□양면	<兩面> 両面.「한 쪽 면」は「片面」
□종이	紙
□걸리다	かかる. ひっかかる. つまずく.「병에 걸리다」は「病気にかかる」.「시간이 걸리다」は「時間がかかる」.「돌에 걸리다」は「石にひっかかってつまずく」
□담당자	<擔當者> 担当者
□귀찮다	面倒だ. うるさい. 厄介だ
□形容詞の Ⅲ＋하다	…がる. 귀찮아하다は「面倒がる」. 귀여워하다は「可愛がる」. 싫어하다は「嫌がる」

会話 5

この本の最後に

01	선생님	이 책으로 공부하면서 한국어 실력이 많이 는 것 같아요?
02	겐	네, 재미있는 표현을 많이 배워서 한국어 회화에 자신이 생겼어요.
03	겐	이젠 한국 사람을 언제 어디서 만나더라도 무섭지 않을 것 같아요.
04	선생님	그럼 한국 친구를 사귀어 보는 건 어때요?
05	겐	네, 정말 한국 친구가 있었으면 좋겠어요.
06	겐	근데, 문화가 다르고 습관이 다르면 서로 이해하기 힘들지 않을까요?
07	선생님	아니에요, 문화와 습관이 다르더라도 마음을 터놓고 얘기한다면 서로를 더 깊이 이해할 수 있을 거에요.
08	겐	말을 배우는 것도 중요하지만 서로를 이해하려는 마음도 잊지 않도록 해야겠네요.

01	［先生］	この本で勉強して，韓国語の実力はかなり伸びたみたいですか．
02	［健］	ええ，面白い表現をたくさん習って，韓国語会話には自信がつきました．
03		韓国の人といつ，どこで会っても恐くないと思います．
04	［先生］	じゃあ，韓国人の友達と付き合ってみるのはどうですか．
05	［健］	ええ，韓国人の友達がいたらうれしいですね．
06		ただ，文化も違って，習慣も違うと，互いに理解するのは難しいんじゃないでしょうか．
07	［先生］	そんなことありませんよ．文化や習慣が違っても，心を開いて話せば，お互いにもっと深く理解することができると思いますよ．
08	［健］	ことばを習うのも大切だけれども，お互いのことを理解する心も忘れないようにしないといけませんよね．

□실력	<實力> 実力
□늘다	伸びる. 増える. 上達する.「실력이 늘다」は「実力が伸びる」
□회화	<會話> 会話
□자신	<自信> 自信.「자신이 생기다」は「自信がつく」
□무섭다	恐い. 恐ろしい
□사귀다	付き合う
□문화	<文化> 文化
□습관	<習慣> 習慣
□서로	[代名詞] 互い. [副詞] 互いに
□이해하다	<理解-> 理解する
□Ⅰ-기 힘들다	…しにくい
□Ⅰ-더라도	…しても. …であっても.
□터놓다	開ける. 取り除く. 打ち明ける. 「마음을 터놓고 얘기하다」は「ざっくばらんに話す」
	[副詞] もっと
	[副詞] 深く. [名詞] 深さ. 辞書形깊다は形容詞で「深い」

用言の活用と語基

用言の形作り

● **用言の形作りと語基**

　動詞, 形容詞, 存在詞, 指定詞を用言という. 用言は後ろに語尾をつけて様々な文法的な形を作る. できあがった形がどんなに複雑に見えても, 用言それ自身の形は, 3種類にしか変化しない. この3つの形を第Ⅰ語基, 第Ⅱ語基, 第Ⅲ語基と呼ぶ:

探す

찾다
찾다가　　　　➡　　　찾-　　第Ⅰ語基
찾지 않았다

찾으면
찾으려고　　　➡　　　찾으-　第Ⅱ語基
찾을

찾아서
찾아야　　　　➡　　　찾아-　第Ⅲ語基
찾았어요

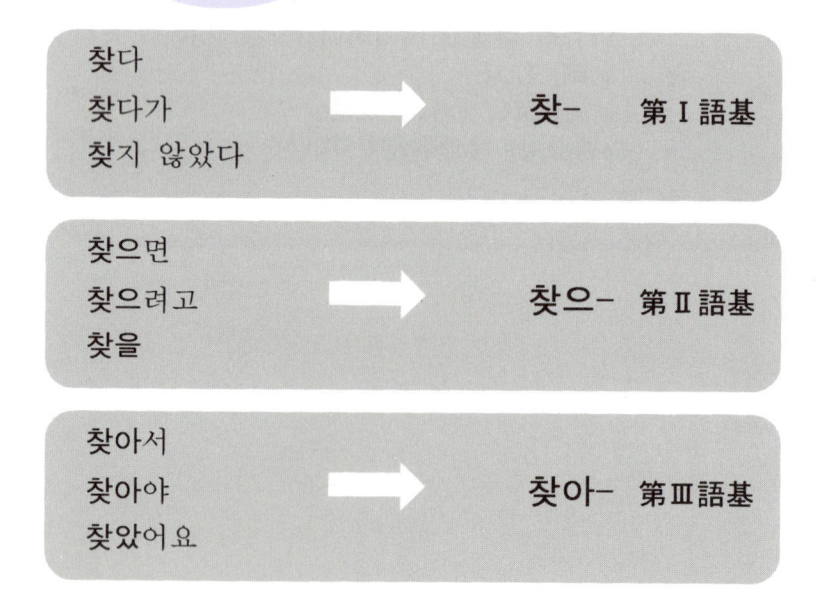

●語基とは

3つの語基は後ろにどのような語尾や接尾辞を従えるかによって使い分ける.語基とは,語尾や接尾辞などをつけるための形だと考えることができる.

●3つの語基の作り方

3つの語基は,基本的に辞書形(基本形)から規則的に導き出すことができる.作り方は次のとおり:

用言の3つの語基の作り方

辞書形			찾다 (探す)	먹다 (食べる)	보다 (見る)	주다 (与える)
			子音語幹		母音語幹	
第Ⅰ語基	辞書形から-다を除いた形=語幹		찾-	먹-	보-	주-
第Ⅱ語基	子音語幹には第Ⅰ語基に-으をつけ,母音語幹なら何もつけない形		찾으-	먹으-	보-	주-
第Ⅲ語基	語幹の最後の母音に従って第Ⅰ語基に-아または-어をつけた形	ㅏ[a]またㅗ[o]なら,-아[a](陽母音)をつける	찾아-		보아- /*봐-	
		ㅏ[a], ㅗ[o]以外なら,-어[ə](陰母音)をつける		먹어-		주어- /*줘-

*は話しことばで使われる形.

보다や주다など,母音語幹の用言では,第Ⅱ語基を作るのに何もつけないので,第Ⅰ語基と第Ⅱ語基が結果的に常に同じになる.

第Ⅲ語基は，찾다や보다のように，語幹の最後の母音が陽母音である ㅏ[a]または ㅗ[o]なら，うしろに陽母音の-아[a]をつけて찾아，보아とする．먹다や주다などのように語幹の最後の母音が ㅏ[a]または ㅗ[o]以外なら，すべて陰母音の-어[ɔ]をつけ，먹어，주어のようにする．陽母音は陽母音の아を選択し，非陽母音は陰母音の어を選択する．これを**母音調和**と呼ぶ．

●**語幹が母音 ㅏ, ㅓで終わる用言は3つの語基とも同じ形**
　第Ⅲ語基を作る際に，가다なら，아をつけ，가아となるわけだが，このように가아と，同じ母音が直接2つ接する際には，母音を1つ消去し，가とする．すると，結果としては第Ⅰ語基から第Ⅲ語基まで가 -，가 -，가 -となり，みな同じ形となる．일어서다なども同様である．語幹が ㅏや ㅓで終わる用言は結果的に3つの語基は同じ形となる：

辞書形	第Ⅰ語基	第Ⅱ語基	第Ⅲ語基	
가다	가-	가-	가아	➡ 가-
일어서다	일어서-	일어서-	일어서어	➡ 일어서-

●**あらゆる語尾は第何語基につくか決まっている**
　用言につく語尾は，それ自身では形を変えない．ただ，第何語基につくかが決まっている．それもその語尾の最初の音がどういう音で始まるかによって，基本的に第何語基につくかがわかる．
　たとえば-지요?(…するでしょう？)，-게(…するように)のように，ㅈや ㄱで始まる語尾は第Ⅰ語基につく．また-면(…すれば)や-며(…しつつ)のように，ㅁで始まる語尾は第Ⅱ語基につく．
　こうして語尾が結合した形を，Ⅰ-지요, Ⅰ-게, Ⅱ-면, Ⅱ-며のように表す．

● あらゆる接尾辞は第何語基につくか決まっている
　接尾辞自身も3つの語基を持つ

　語尾だけでなく，用言の本体と語尾の間に入る要素である接尾辞も，第何語基につくかが決まっている：

　　　Ⅰ －겠－（将然判断）　　　받겠－
　　　Ⅱ －시－（尊敬）　　　　　받으시－
　　　Ⅲ －ㅆ－（過去）　　　　　받았－

接尾辞も，用言の本体と同じように，3つの語基を持つ．作り方は用言の本体と全く同じである：

辞書形	第Ⅰ語基	第Ⅱ語基	第Ⅲ語基
－겠－	－겠－	－겠으－	－겠어－
－시－	－시－	－시－	－셔－／－세(요)
－ㅆ－	－ㅆ－	－ㅆ으－	－ㅆ어－

　尊敬の接尾辞－시－は，第Ⅲ語基で－요の前でのみ－세－の形を用いる．
　接尾辞相互の結合する順序は定まっているが，これもすべて語基の原理によって組み立てられている：

　　　받으－셔－ㅆ어－ㅆ－겠－지요

用言の活用の型

語基	語尾	하다活用	母音活用	子音活用	ㄹ活用
第Ⅰ語基	Ⅰ-다 辞書形	하다 する	놀라다 驚く	배우다 学ぶ	웃다 笑う	놀다 遊ぶ
	Ⅰ-지요? するでしょう?	하지요	놀라지요	배우지요	웃지요	놀지요
	Ⅰ-습니다 します	×	×	×	웃습니다	×
第Ⅱ語基	Ⅱ-ㅂ니다 します	합니다	놀랍니다	배웁니다	×	놉니다
	Ⅱ-십니다 なさいます	하십니다	놀라십니다	배우십니다	웃으십니다	노십니다
	Ⅱ-세요 なさいます[か]	하세요	놀라세요	배우세요	웃으세요	노세요
	Ⅱ-면 すれば	하면	놀라면	배우면	웃으면	놀면
第Ⅲ語基	Ⅲ-요 します[か]	해요	놀라요	배워요	웃어요	놀아요
	Ⅲ-ㅆ습니다 しました	했습니다 하였습니다	놀랐습니다	배웠습니다	웃었습니다	놀았습니다
	Ⅲ-ㅆ어요 しました[か]	했어요 하였어요	놀랐어요	배웠어요	웃었어요	놀았어요
例		생각하다 （思う） 안녕하다 （お元気だ） 깨끗하다 （きれいだ） 말하다 （言う）	서다 （立つ） 싸다 （包む） 짜다 （塩辛い） 모자라다 （足りない）	춤추다 （踊る） 나오다 （出る） 싸우다 （戦う） 긴장되다 （緊張する）	찾다 （探す） 얻다 （貰う） 적다 （少ない） 좋다 （良い）	불다 （吹く） 날다 （飛ぶ） 달다 （甘い） 덜다 （少ない）

ㅂ変格	ㄷ変格	ㅅ変格	ㅎ変格	으活用	르変格
새롭다 新ただ	싣다 載せる	잇다 繋ぐ	까맣다 真っ黒だ	끄다 消す	고르다 選ぶ
새롭지요	싣지요	잇지요	까맣지요	끄지요	고르지요
새롭습니다	싣습니다	잇습니다	까맣습니다	×	×
×	×	×	×	끕니다	고릅니다
새로우십니다	실으십니다	이으십니다	까마십니다	끄십니다	고르십니다
새로우세요	실으세요	이으세요	까마세요	끄세요	고르세요
새로우면	실으면	이으면	까마면	끄면	고르면
새로워요	실어요	이어요	까매요	꺼요	골라요
새로웠습니다	실었습니다	이었습니다	까맸습니다	껐습니다	골랐습니다
새로웠어요	실었어요	이었어요	까맸어요	껐어요	골랐어요
눕다 (横たわる) 곱다 (きれいだ) ◆語幹がㅂで終わるほとんどの形容詞	듣다 (聞く) 묻다 (尋ねる) 걷다 (歩く) ◆動詞のみ	붓다 (腫れる) 긋다 (線を引く) ◆形容詞は낫다(良い)一語のみ	저렇다 (あんなだ) 하얗다 (真っ白だ) ◆좋다以外のㅎで終わる全形容詞	모으다 (集める) 따르다 (従う) 나쁘다 (悪い) 슬프다 (悲しい)	흐르다 (流れる) 마르다 (乾く) 다르다 (異なる) 배부르다 (満腹だ)

語尾や接尾辞などの索引

●

形容詞のⅢ+하다	…がる.	276
連体形+모양+指定詞-이다	…するようだ.	272
Ⅲ	…する. …する? …しよう. …しろ.	56
Ⅲ	[原因]	176
Ⅲ 놓다	…しておく.	91
Ⅲ 둘 걸(요)	…しておけばよかったですね. …しておくものを. [未実現の過去についての当為]	157
Ⅲ 드리다	…してさしあげる. お…する. [謙譲の授受]	71, 125
Ⅲ 보세요	…してみてください. [提案]	242
Ⅲ 있다	…している. [結果の継続. アスペクト]	40, 139
Ⅲ 주다	…してくれる. …してやる. [授受]	122
Ⅲ 주세요	…してください. [依頼]	121
Ⅲ 주면 좋겠는데요	…してもらいたいですが. [依頼]	121
Ⅲ 주시겠어요?	…していただけますか. [依頼]	121
Ⅲ 주었으면 해요	…してもらえればと思います. [依頼]	121

● ㄱ

-가 어떻게 되는가?	…は何ですか. [婉曲な疑問]	38
-가 어떻게 되다	…が…だ. …にあたる.	93
-가 되다	…になる.	93
Ⅰ-거든요	…しますから. …するものですから. [根拠の敷衍(ふえん). 前提]	65, 134, 178
-거리다	動詞を作る造語接尾辞.	201
Ⅰ-게 되다	…するようになる. …することになる. …し始める. [なりゆき・推移の新段階]	24, 93
Ⅰ-게	…するように. …く. …に.	152
Ⅰ-겠-	…しそうだ. …する. …するぞ. [将然判断法. 한다体]	29, 34, 254, 268
Ⅰ-고 계시다	…しておられる. …していらっしゃる.	39
Ⅰ-고 나서	…してから. …した後で.	114
Ⅰ-고 싶다	…したい.	14, 106
Ⅰ-고 있다	…している. [動作の継続進行アスペクト] [再帰的な動詞の動作の結果の継続アスペクト]	39

Ⅰ-고자 하다	…しようとする. …しようと思う.	248
Ⅰ-기도 하다	…したりもする. …することもある.	37
Ⅰ-기 함들다	…しにくい.	165, 279
Ⅰ-긴(요)	…だなんて. …するなんて. [引用への驚き]	94

● ㄴ

Ⅱ-ㄴ	…な…. …である…. [形容詞, 指定詞の現在既定連体形]	21, 22
Ⅱ-ㄴ	…した…. [動詞の過去完成連体形]	21, 23
Ⅱ-ㄴ가	…か.	60
Ⅱ-ㄴ가 보다	…なようだ. …なみたいだ. [話し手に写った印象様態]	244, 265
Ⅱ-ㄴ 거 있지(요)	(何と)…したんですよ. [感嘆の報告]	141
Ⅱ-ㄴ 것 같다	…したみたいだ. …したようだ. [過去様相についての近似像]	142
Ⅱ-ㄴ다	…する. [既然確言法. 한다体]	60, 254
Ⅱ-ㄴ단다	…するとのことだ. [引用終止形. 한다体] …するんだよ. [言い聞かせ. 한다体]	218
Ⅱ-ㄴ답니다	…するとのことです. [引用終止形. 합니다体]	218
Ⅱ-ㄴ대(요)	…するんですって. …するそうです. …すると言っています. …するということです. [平叙の引用終止形. 해요体]	195, 215
Ⅱ-ㄴ댔어(요)	…するって言ってました. [引用の過去終止形. 해요体]	217
Ⅱ-ㄴ데	…するのに. …するが. …するけれど. [接続形語尾]	37
Ⅱ-ㄴ데도	…したのに.	166
Ⅱ-ㄴ데(요)	…ですが. [形容詞, 指定詞の婉曲形]	25
Ⅱ-ㄴ 적이 없다	…したことがない.	258
Ⅱ-ㄴ 적이 있다	…したことがある.	258
Ⅱ-ㄴ 지	…してから. …して以来.	37, 77
Ⅱ-ㄴ 채	(…した)まま.	165
Ⅱ-ㄴ 탓	…したせい.	166
-나	…か. …も. …や.	146
Ⅰ-나 보다	…するようだ. …するみたいだ. [話し手に写った印象様態]	244, 265
Ⅰ-나요	…でしょうか.	106
Ⅰ-냐	…するか？…するの？	163
Ⅱ-냔다	…するかとのことだ. [引用終止形. 한다体]	218
Ⅱ-냡니다	…するかとのことです. [引用終止形. 합니다体]	218
Ⅰ-내(요)	…するのかですって. …するかって聞いてましたよ. [疑問の引用終止形. 해요体]	216
Ⅰ-냈어(요)	…するかって言ってました. [引用の過去終止形. 해요体]	217

287

Ⅰ-네요	…するんですね. …ですね. [発見的感嘆]	25
Ⅰ-는	…する…. [動詞, 存在詞の現在既定連体形]	21, 22
Ⅰ-는가	…するのか.	60
Ⅰ-는 거 있지(요)	(何と)…するんですよ. [感嘆の報告]	141
Ⅰ-는 건 안 되다	…するのはだめだ.	106
Ⅰ-는 것 같다	…するみたいだ. …するようだ. [非過去様相についての近似像]	142
Ⅰ-는 것이 좋다/어떻다	…するのがよい. …するのはどうだ. [助言]	138
Ⅰ-는 게 어때요?	…するのはどうですか. [提案]	242
Ⅰ-는 게 좋아요	…したほうがいいですよ. [提案]	242
Ⅰ-는다	…する.	60, 254
Ⅰ-는단다	…するとのことだ. [引用終止形. 한다体] …するんだよ. [言い聞かせ. 한다体]	218
Ⅰ-는답니다	…するとのことです. [引用終止形. 합니다体]	218
Ⅰ-는대(요)	…するんですって. …するそうです. …すると言っています. …するということです. [平叙の引用終止形. 해요体]	195, 215
Ⅰ-는댔어(요)	…するって言ってました. [引用の過去終止形. 해요体]	217
Ⅰ-는데	…するのに. …するが. …するけれど. [接続形語尾]	37
Ⅰ-는데요	…しますが. [動詞, 存在詞の婉曲形]	25
Ⅱ-니	…するから. …だから. [理由]	175
Ⅱ-니까	…するから. …だから. [理由]	174

● ㄷ

Ⅰ-다	…だ.	60
Ⅰ-다(가)	…していて. …する途中で. …していると. …しかけて. [中途. 中断]	108, 252
Ⅰ-다(가) 말다	…する途中でやめる.	116
Ⅲ-다 놓다	…して持って行っておく.	146
Ⅰ-다니	…するとは. …するのなら. …だとは. [評価判断の対象を表わす接続形]	95
Ⅲ-다 주다	…て来てくれる.	173
Ⅰ-더라/던데(요)/더라고(요)/데(요)	…してたんだよ. …してたんですよ. [体験法]	172, 231
Ⅰ-더라도	…しても. …であっても.	279
Ⅰ-던	過去連体形.	225
Ⅲ-도 괜찮다	…してもかまわない.	106
Ⅲ-도 되다	…してもよい. [許可]	93, 106, 107
Ⅰ-도록	…するように. …するまで. するほど. [到達. 志向]	139

Ⅰ-도록 하겠다	(これまではそうでなかったけれどもこれから)…するようにする.	255
-든지	…しても. …でも.	251

● ㄹ

Ⅱ-ㄹ	…する…. …するであろう…. [予期連体形]	21, 23
Ⅱ-ㄹ 거에요	…するでしょう. [推量法. 해요体]	254, 266
Ⅱ-ㄹ 걸	…するだろうよ. …するだろうに.	272
Ⅱ-ㄹ 걸 그랬나 봐(요)	…しておくべきだったようです. [未実現の過去についての当為]	156
Ⅱ-ㄹ 걸 그랬어(요)	…しておくべきだったようです. [未実現の過去についての当為]	156
Ⅱ-ㄹ 걸(요)	…するでしょうよ. …するでしょうに.	272
Ⅱ-ㄹ 것 같다	…するみたいだ. …すると思う. …しそうだ. [非現場的様相についての近似像]	143
Ⅱ-ㄹ 것이다	…するさ. …するだろう. …すると思う. [推量法. 한다体]	103, 254, 265, 266
Ⅱ-ㄹ 것입니다	…するでしょう. [推量法. 합니다体]	254
Ⅱ-ㄹ게(요)	…するから. …しますから. …します. [約束法]	26, 91, 241, 255
Ⅱ-ㄹ까(요)?	…するでしょうか. …しましょうか. [相談法] [提案]	72, 110, 242
Ⅱ-ㄹ란다	…する. …したい. [意向法]	255
Ⅱ-ㄹ래	…する. …したい. [意向法]	127, 255
Ⅱ-ㄹ래요	…しますよ. …したいです. [意向法]	127, 255
Ⅱ-ㄹ래(요)?	…したいですか. …しませんか. [意向法]	128
Ⅱ-ㄹ래요?	…しましょうか. [提案]	242
Ⅱ-ㄹ 뻔했다	(あやうく)…するところだった. [危機脱出]	94
Ⅱ-ㄹ 수 없다	…することができない. …しえない. [不可能]	106, 108
Ⅱ-ㄹ 수 있다	…することができる. …しうる. [可能]	106, 108
Ⅱ-ㄹ 수 있어요?	…してもらえますか. [依頼]	121
Ⅱ-ㄹ 줄(을) 모르다	…するとは思わない. …するとは想像もしない. [思い込み/意外]	111
Ⅱ-ㄹ 줄(을) 모르다	…することができない. [不可能]	111
Ⅱ-ㄹ 줄(로/을) 알다	(たぶん)…するだろうと思う. …するものとばかり思っている. [思い込み]	111
Ⅱ-ㄹ 줄(을) 알다	…することができる. [可能]	111
Ⅱ-ㄹ지 모르다	…するかわからない.	89
Ⅱ-ㄹ 텐데(요)	…するだろうに. …だろうから. …するでしょうに. …しそうなものですが. [接続形:推量を伴った前提]	89, 116, 271

289

	[終止形:不満などを伴う推量]	
Ⅱ-라	…せよ.	60
Ⅲ-라	…しろ.	56
-라고 하다	…という. …と申す. [体言の引用]	17, 24
-란	…とは.	241
Ⅱ-란다	…しろとのことだ. [引用終止形. 한다体]	218
Ⅱ-랍니다	…しろとのことです. [引用終止形. 합니다体]	218
-랑	…と. …とか. …や.	34, 103
Ⅱ-래(요)	…しろですって. …しろって言ってましたよ. …するようにとのことです. [命令の引用終止形]	217
Ⅱ-랬어(요)	…しろって言ってました. [引用の過去終止形]	217
Ⅱ-러	…しに [目的]	243
Ⅱ-려고	…しようと. …しようとして. [意図]	243
Ⅱ-려고 하다	…しようと思う. [意図]	255
-를/-을 위해서	…のために.	61

● ㅁ

-만	…だけ.	241
Ⅱ-며	…しながら. …しつつ. …して.	77, 241
Ⅱ-면	…すれば. …したら. …すると.	34

● ㅂ

Ⅱ-ㅂ니다	…します. [既然確言法. 합니다体]	55, 254

● ㅅ

Ⅲ-서	…するので. …なので. [原因]	176
Ⅲ-서 그런지	…するからなのか. [あいまいに述べる原因]	177
Ⅲ-서 반갑다	…してうれしい.	24
Ⅰ-습니다	…します. [既然確言法. 합니다体]	55, 254
Ⅱ-시겠어요?	…なさいますか. [提案]	242
Ⅱ-시죠	…なさったら. [提案]	242
Ⅲ-ㅆ겠다	…していそうだ. …してしまっているさ. [発話の現場における判断]	270
Ⅲ-ㅆ나 보다	…したみたいだ. …したようだ. [話し手に写った印象様態]	158, 195
Ⅲ-ㅆ더니	…したところ. …したら	91
Ⅲ-ㅆ더라면	(もし)…していたら. [過去のことに対する仮想条件]	158
Ⅲ-ㅆ던	…だった…. [存在詞, 形容詞, 指定詞の過去完成連体形]	21
Ⅲ-ㅆ으면	…したら. …したんだったら. [仮定]	94
Ⅲ-ㅆ으면	…すれば…したでしょうに. [過去のことに対する仮	157

Ⅲ-ㅆ을 텐데요	想]	
Ⅲ-ㅆ으면 좋겠다/고맙겠다	…してくれるとうれしい．…してもらいたい．[希望]	127
Ⅲ-ㅆ을 것이다	…しただろう．…したことだろう．…したと思う．[過去の事柄についての推量]	267
Ⅲ-ㅆ을 텐데(요)	…しただろうに．[過去の推量を伴った前提]	271

● ㅇ

-야	…は．…こそは．	68
-야말로	…こそ．	18
-에 대해서	…について．…に対して．	248
-에 따라	…によって．	189
Ⅱ-오니	…でございますので．	248
-요	…です．…ですか．[丁寧化の応答語尾．丁寧化の中断語尾]	38, 43
Ⅲ-요	…します．[既然確言法．해요体]	55, 254
-이나	…か．…も．…や．	146
-이라고 하다	…と申す．…という．[体言の引用]	17, 24
-이란	…とは．	241
-이랑	…と．…とか．…や．	34, 103
-이야	…は．…こそは．	68
-이야말로	…こそ．	18
-이요	…です．…ですか．[丁寧化の応答語尾．丁寧化の中断語尾]	38, 43
-이 어떻게 되는가?	…は何ですか．[婉曲な疑問]	38
-이 어떻게 되다	…が…だ．…にあたる．	93
-이 되다	…になる．	93

● ㅈ

Ⅰ-자	…しよう．	56, 60
Ⅰ-자	…するや．…するとすぐ．	164
Ⅰ-자마자	…するとすぐ．…するやいなや．…したとたん．	172
Ⅰ-잔다	…しようとのことだ．[引用終止形．한다体]	218
Ⅰ-잡니다	…しようとのことです．[引用終止形．합니다体]	218
Ⅰ-잖습니까	…するじゃないですか．[同意を要求する確認疑問]	45
Ⅰ-잖아(요)	…するじゃない．[同意を要求する確認疑問]	45
Ⅰ-잖아(요)?	…するじゃない．…するだろ？…するじゃないですか．…するでしょう？[確認疑問．同意の要求]	141
Ⅰ-재(요)	…しようですって．…しようって言ってましたよ．[勧誘の引用終止形]	216

Ⅰ-겠어(요)	…しようって言ってました. [引用の過去終止形]	217
Ⅰ-조차	…さえ.	165
Ⅰ-지 그래요?	…すればいいじゃないですか. …すればいいのに. …したらどうですか. [提案]	155, 242
Ⅰ-지 그랬어요?	…すればよかったじゃないですか. …すればよかったのに. [過去のことに対する仮定の提案]	156
Ⅰ-지 말다	…しないで. …するな.	98
Ⅰ-지 뭐야/뭐냐/뭐니/뭐에요/뭡니까	(何と)…するじゃない. (あろうことか)…するじゃないですか. …するんですよ. [驚きの報告]	179
Ⅰ-지 않으시겠어요?	…なさいませんか. [提案]	242
Ⅰ-지 않을래요?	…しませんか. [提案]	242

● ㅎ

한다体		54, 60
한다体終止形＋終止形語尾	…するという. …するといいます. [引用終止形]	214
한다体終止形＋接続形語尾	…するといいながら. …するというけど. …するというから. [引用接続形]	212
한다体終止形＋連体形語尾	…するという…. …するといっていた…. [引用連体形]	214
한다体終止形-고＋引用動詞	…すると(いう). …だと(いう). [引用]	73, 210
합니다体		54, 55
해体		54, 56
해요体		54, 55

韓国語単語集＋索引 （韓国語 → 日本語）

●アルファベット

KTX	Korea Train Express	246

●ㄱ(기역★기윽)

가게	店	234
가깝다	近い	181
가능하다	可能だ. できる	79
가르치다	教える	119
가수	歌手	59
가슴	胸	61
가장	最も. 一番. 最高に	236
가지다	持つ	103
간단하다	易しい. 簡単だ	201
간단히	簡単に. 手短に	29
갈아끼우다	取り替える	131
갈아입다	着替える	114, 223
감기	風邪	134
감사	感謝	192
감탄하다	感嘆する	201
갑자기	いきなり. 突然	164, 209
값	値段. 価格	181
강아지	子犬	227
갖다	持つ. 所有する	77
같다	同じだ	34
같은	…のような. …みたいな	146, 189
개	…個	77
개다	晴れる	262
갸우뚱거리다	かしげる. 傾ける	201
거래	取引	89
거래처	取引先	61
거리	街. 通り	61, 172
거리	距離	61
거짓말	うそ	201
건강	健康	61
건너편	向かい側. 向こう側	238
걷다	歩く	274
걸다	掛ける. かける	65, 163
걸리다	かかる. ひっかかる. つまずく	134, 276
걸치다	かかる. またがる. かける	173
겨우	やっと. かろうじて	163
결과	結果	89
결국	結局	172
결혼식	結婚式	183
결혼하다	結婚する	201
경기지방	京畿地方	262
경비실	警備室. 守衛室. 管理室	131
계산	計算	114
계속	継続. 続き. 引き続き. ずっと	225
계시다	居らっしゃる	70
고개	首. 頭	201
고맙다	ありがたい	192
고민	悩み	149
고통	苦しみ. 苦痛	119
고향	故郷. ふるさと	52
곤란하다	困る	236
곳	所. 場所	166, 262
공삼	ゼロ三	49
공학	工学	49
과	科	14
과장	課長	17
관심	関心	172
광고	広告	52
괜찮다	大丈夫だ. 構わない. なかなかいい	225
괜히	無駄に. 不要に. よせばいいのに	154
굉장히	ものすごく. 非常に. とても. かなり	37, 163
교실	教室	221

293

교양	教養	37
구두	靴	251
구름	雲	262
국경	国境	173
국어	国語	202
군대	軍隊	173
군데	…箇所	181
굴러가다	転がってゆく	252
궁금하다	知りたい. 気になる	198
귀찮다	面倒だ. うるさい. 厄介だ	276
그냥	ただ. そのまま. なんとなく. ただで	154, 165
그다지	それほど	181
그대로	そのまま. ありのまま. そのとおり	173
그래	うん. そうそう. わかった. そうしよう	241
그래서	それで	163
그래서 그런지	そのせいかどうか	37
그러다	そうする. そのようにする. そういう	34, 152
그러면	そうすれば. それなら	223
그럼	では. それじゃ. じゃ. もちろん. そうだよ	14, 238
그렇게	そんなに	225
그렇다	そうだ	34
그리구	そして	146
그만	つい	146
그치	そうでしょう. そうだろう	198
극장	劇場. 映画館	274
글쎄	さあ. まあ	59, 264
금방	今すぐ	131
급하다	急だ. 急いでいる. 急を要する	152, 154
기다리다	待つ	65
기대되다	期待する. 楽しみだ	241
기분	気持ち. 感じ	37
기온	気温	262
기탄	忌憚. 遠慮すること	248
긴장되다	緊張する	14
길	道. 手段. 方法	154
김해	金海	52
깊이	深く. 深さ	279
까다롭다	ややこしい. 厳しい. うるさい	147
깜박	うっかり	137
꼭	きっと. 必ず. 是非	137
꽂다	差し込む. 挿す	130
꽂아 놓다	挿しておく	234
꽤	かなり. 非常に	147
끄다	消す	116
끊다	切る. 断つ. やめる	236
끝나다	終わる	81, 248
끼다	かかる. 立ちこめる	262

● ㄴ (니은)

나다	出る. なる. 生じる	81, 134
나무	木	172
나오다	出る. 出て来る	103, 173, 234
나이	年. 年齢	49, 223
나중	後. 後ほど	65
날리다	飛ばす. なくす	137
날씨	天気	77, 262
날짜	日にち	146
낡다	古い	181
남기다	残す	84
남다	残る	251
남자친구	彼氏. 男の友達. ボーイフレンド	152
남향	南向き	181
낭독하다	朗読する	119
내다	出す	146
내리다	降ろす. 下げる	116
너무	あまりに. とても	98
넓다	広い	181
넘어오다	倒れる. 傾く. 越えてくる	172
-네	…さんの家	65
노력하다	努力する	100
녹음	録音	81
농담하다	冗談を言う	137
누가 아니래?	そうなんだよ	163
누르다	押す. 押さえる	81
뉴스	ニュース	264
느끼다	感じる	236, 252
늘다	伸びる. 増える. 上達する	279
늦다	遅い. 遅れる	154
-님	…様.	14

294

ㄷ(디귿★디읃)

한국어	일본어	페이지
다	全部. すべて. みんな	264
다르다	違う. 異なる	189, 234
다리	足	172
다시	もう一度. 再び. また	65, 81
다음	次. 次の. 後	137
다행이다	幸いだ. 運がいい. よかった	98
단무지	たくあん	77
단발	セミロング. おかっぱ髪	149
단어	単語	201
단추	ボタン	251
달리다	(…に)左右される. (…に)かかる. (…いかんに)よる. …次第だ. ぶら下がる	251
담당자	担当者	276
당황하다	慌てる. 戸惑う	137
대단하다	ものすごい. たいへんだ	264
대시하다	アタックする	163
대잔치	大パーティー	100
대충	おおまかに. 大体	264
대학	大学	37
댁	お宅	34
더	もっと. さらに	100, 279
더욱	もっと. さらに	100
더욱 더	より一層	100
더위(를) 타다	暑さに弱い	245
덕분	おかげ. 恩恵	68, 89
데려가다	連れて行く	227
데리다	連れる	173
데이터	データ	137
데이트	デート	59, 183
도서관	図書館	236
도움	助け. 援助	98
도착하다	着く	81
돌아가다	曲がって行く. 遠回りする. 回っていく. 帰る	274
돕다	手伝う. 助ける	17
동아리	サークル. 同好会. 部活	172
동영상	動画. ムービー	248
되다	なる	37
되도록이면	できれば	146
되묻다	聞き返す	165
둘러보다	見回す	61
드라마	ドラマ	37
듣다	聞く	17, 37
들어가다	入って行く. 入る	105
디카폰	カメラつきケータイ	103
따뜻하다	暖かい	262
따라가다	ついていく. 追っていく. 追いつく	258
따로	ほかに. 別に. 別々に	172
따르르릉	プルルル	77
딱	ちょうど. ぴったり	181
땅	地面. 土地	252
떡국	雑煮	223
떨어지다	落ちる. 離れる	251
똑바로	まっすぐ. 正直に. ありのままに	274
뛰다	走る. 頑張る	89
뜨겁다	熱い	100
뜨다	浮く. 浮かぶ	116
뜻	意味. 意志. 思い	201
띠	干支(えと)	52

ㄹ(리을)

한국어	일본어	페이지
–류	…類	146

ㅁ(미음)

한국어	일본어	페이지
마련하다	用意する. 準備する	248
마음	心. 気持ち	192, 251
마침	ちょうど. ちょうどいいところに	119
막히다	詰まる. ふさがる	154
만나다	会う	14
만나뵙다	お目にかかる	18
만남	出会い	172
많이	多く. たくさん	17, 154
말	ことば. 話	14, 202
말씀	おことば. お話	17
맑다	晴れている. 澄んでいる. 晴れる	262
맘	心	181

맞다	合う. 合っている.	134,
	正しい. 一致する.	181, 198
	当たる. 打ってもらう	
맞이하다	迎える	100
맞장구	あいづち	198
맡다	引き受ける. 受け持つ.	17,
	預かる. 担当する	91
매달	毎月	146
매진	売り切れ	246
맵다	辛い	208
머리	頭. 髪	149
먼저	先に. まず. 前に	183
멀다	遠い	29
멋있다	格好いい. 素敵だ	59
멋지다	素敵だ. すばらしい.	163,
	見事だ. 格好いい	183
메뉴	メニュー	164
메뉴판	メニュー	165
메모리스틱	メモリースティック	137
모국어	母国語	202
모르다	わからない. 知らない	227
모양	形. 様子	149
모어	母語	202
목	首. 喉	134
몸	体. 身体	221
무섭다	恐い. 恐ろしい	279
무소식	便りのないこと	68
무슨	何の	49
무역	貿易	52
문자	文字. ケータイメール	152
문제	問題	160
문화	文化	279
묻다	聞く. 尋ねる	98
뭐	…なのよ. …だよ.	68
	もう. いや. なに	
뭐라	何と	89
뭐에요	何ですか.	14
	どういうことですか	
미안하다	すまない	192
미팅	コンパ. ミーティング	236
믿다	信じる	164
밀리다	たまる. 滞る	154

●ㅂ(비읍)

바꾸다	代える. 交換する.	65, 149
	取り替える	
바디랭귀지	ボディー・ランゲージ	173
바람	風	119
바람 맞다	すっぽかされる.	225
	振られる	
바쁘다	忙しい	59, 89
박수	拍手	29
반갑다	うれしい	14
반하다	惚れる. とりこになる	172
받다	受ける. 取る.	65
	受け取る. もらう	
받아들이다	受け入れる	166
발음	発音	165
발표	発表	248
밧데리	バッテリー	252
방송	放送	100
방언	方言	202
방향	方向	34, 163
배탈	腹痛. 食あたり	208
백만	百万	53
버려지다	捨てられる	227
버리다	捨てる	147
−번째	…番目. …度目	146
벌리다	あける. 広げる	134
벼락치기	一夜漬け. にわか仕事	160
별	星	119
별	別に. 変わった	208
별로	別に. さほど	91
별말씀을요	とんでもございません	18, 89
별표	米印. アステリスク	81
병	瓶	146
병원	病院	221
보관함	ロッカー. 保管箱	105, 130
보내다	送る	152
보이다	見せる. 見える	119, 241
복도	廊下	131
복사	コピー	276
본관	祖先発祥の地	52
뵙다	お目にかかる	14, 17
부딪히다	ぶつかる	164
부장	部長	17
부탁하다	お願いする. 頼む	18

부하	部下	18
분리 수거	分別収集	146
분리하다	分離する. 分ける	147
분할	分割払い	114
불길하다	不吉だ. 縁起が悪い	252
불꽃놀이	花火	209
붓다	腫れる. むくむ	134
붙다	つく. 合格する. 受かる	252
붙박이장	押入れ. 作り付けのたんす	181
붙이다	貼る. つける. くっつける	103
비	雨	34, 234
비다	空く	91
비로소	初めて, ようやく	173
비밀	秘密	59
비슷하다	似ている	164
비싸다	高い	181, 192
빌리다	借りる	98

● ㅅ(시옷★시옷)

사과하다	謝る	192
사귀다	付き合う. 交際する	152, 225, 279
사실	事実	34
사용하다	使う. 使用する	114
사은	謝恩	100
사이	仲. 間柄	103
사진	写真	103
사투리	お国ことば	202
사회	司会	183
살	…歳	49, 223
삼성물산	三星物産	70
상상하다	想像する	166
상품	商品	100
상황	状況	189
새로	新しく. 新に. 改めて	29
생기다	できる. 生じる	77
생머리	ストレートヘア	149
생일	誕生日	192
샤워	シャワー	65
서로	互い. 互いに	279
서류	書類	61
서울	ソウル	262

서울말	ソウルことば	202
선물	プレゼント. 贈り物	100
설	元旦. 正月	223
설날	元旦. 正月	223
성원	声援	100
성북동	ソンブクドン	34
세배하다	新年の挨拶をする	223
세뱃돈	お年玉	223
세상에	あらまあ. 実に. 一体	103
세상일	世事. 世間一般のこと	251
셈이다	…のわけだ	137
소개시키다	紹介する	14
소개하다	紹介する	17, 225
소리	音. 声	81
소리샘	留守番サービス	81
소문	うわさ	18
소중함	大切さ	173
소홀히	おろそかに	166
손님	お客さん. お客様	130, 259
송금	送金	53
수업	授業	37
수정과	スジョングァ	259
숙제	宿題	119
순간	瞬間	252
순서	順番. 手順	130
술	酒.	68
숨다	隠れる	166
스물	二十	49
스웨터	セーター	114
스티커사진	プリクラ	103
스포츠	スポーツ	189
습관	習慣	279
시	詩	119
시대	時代	119
시작되다	始まる	61
시작하다	始める. 始まる	89
시집	詩集	119
시키다	出前を頼む. 注文する. させる. やらせる	77, 103, 192
시합	試合. ゲーム	189
시험	試験	98, 160
식구	家族. 家族の構成員	227
식민지	植民地	119
식혜	シッケ	259

297

신경	神経. 気	183
신나다	浮かれる	241
신분증	身分証明書	105
신호등	信号	274
실력	実力	264, 279
실례지만	失礼ですが	49
싫어하다	嫌がる. 嫌いだ. したがらない	236
싱글 룸	シングルルーム	79
쓰다	使う. 使用する	116, 183
쓰다	書く	221
쓰다	(傘を)差す	34
쓰레기	ごみ	146
쓰이다	使われる	198
씨씨	C·C	172

● ㅇ(이응)

아까	さっき	116
아깝다	惜しい. 残念だ. もったいない	163
아니	いや. だって. それがね	163
아르바이트	アルバイト	209
아름답다	美しい	119
아울러	合わせて. ともに	248
아유	ああ. いや. うーん	89
아이구	ああ. あれ	89
아저씨	おじさん	236
아직	まだ. いまだに	29
아파트	マンション	147
안 그래도	そうじゃなくても	246
안내문	説明のチラシ	146
안색	顔色	225
알다	わかる. 知る	70
알리다	知らせる. 告げる	262
알아듣다	聞き取る. 理解する	264
압구정동	アプクジョンドン	34
앞으로	これから. 今後	18, 251
애	子供	163
애용하다	愛用する	100
약	薬	134
약속	約束	70, 225
양-	両方の. 両…	172
양면	両面	276

양복	スーツ. 背広	183
얘기	話	152, 198
어디	どこ. どれ	119
어딘가	どこか	137
어떡하다	どういうふうにする	152
어떤	どんな	52
어떻게	どのように. どんなふうに. どんなに	37, 149
어렵다	難しい	160
어리다	幼い. 若い	52, 183
어울리다	似合う. ふさわしい	149
어쩐지	どういうわけか. どうやら. なるほど. それでか	225
어차피	どうせ	164, 246
언어	言語	173, 202
얼굴	顔	163
얼마나	どれほど. どんなに. どれぐらい. いくらぐらい	37, 227
엄격하다	厳しい	18
업체	業者. 企業体	89
없어지다	なくなる	234
여기요	ここですよ	91
여러분	みなさん. みなさま	29, 100
여름 방학	夏休み	208
여보세요	もしもし	65
여쭈다	伺う	105
연결되다	つながる	81
연결하다	つなぐ	79
연락	連絡	68
열	熱	134
열다	開ける	77
열람하다	閲覧する	105
열심히	一所懸命. 熱心に. 頑張って	89, 160, 189
옆	横. そば	173
예매하다	前もって買う	246
예쁘다	きれいだ. かわいい	103
예상	予想	262
예약	予約	79
오래간만	久しぶり	68
오한	寒気. 悪寒	134
오히려	むしろ. かえって	154
올라가다	上がる. 登る	262
와	うわ	14
완전히	完全に	165

298

왜	なぜ. なんで	152
왜 그래?	どうしたの？	137
왜요	どうしてですか. なぜですか	246
외국	外国	53
외국어	外国語	202
외국인	外国人	105
외래어	外来語	164
왼쪽	左側	105
용법	用法	201
우산	傘	34, 234
우선	まず	248
운동	運動	61
웃어른	目上の年を取った方	223
웬	どうした. 何の	89
웬만하다	まあまあだ	61
유명하다	有名だ	119
으아	うわ	152
은행원	銀行員	53
읊다	詠む	119
음식물	食べ物	146
응원	応援	189
−이	…さん. …ちゃん	14
이기다	勝つ	189
이따가	後で. 後ほど	83, 91, 130
이러다	こうする	109
이렇게	このように	18
이번	今回. 今度	17
이사하다	引っ越す	146
이제	今や. もう. もはや	251
이젠	もはや. もう	208
이쪽	こちら. こっち	17
이해하다	理解する	279
인터넷	インターネット	59
일	仕事. 用事. こと	17, 163
일과	日課	61
일단	いったん. ひとまず	274
일문과	日文科	14, 49
일반	一般	146
일본어	日本語	37
일상	日常	264
일시불	一括払い. 一回払い	114
일어나다	起きる. 起き上がる	61, 223

일찍	早めに	61
잃다	(道に)迷う. なくす	146, 173
입	口	134
입다	着る. はく	114
입사 시험	入社試験	251
있잖아	あの. あのね	241
잊다	忘れる	137

● ㅈ(지읒)

자기 소개	自己紹介	29
자동응답기	留守番電話	81
자동적	自動的	137
자동차	自動車	70
자료	資料	105
자리	席. 座席	70
자막	字幕	264
자신	自信	163, 279
자신감	自信	164
자자하다	広まっている	18
자장면	ジャージャー麺	77
작업하다	作業する	137
잘	よく. 見事に. 上手に. 無事に	208
잘됐다	よかったね	241
잘못되다	間違う	201
잘못하다	間違う. 誤ちを犯す	137
잠깐만	ちょっと. しばらく	65
잠시만	しばらくの間だけ. しばらく	79
장	場	248
장벽	壁	164, 173
재기동시키다	再起動する	137
재미있다	面白い	198
재수	浪人	49
재활용	資源物. リサイクルごみ	146
저녁	夕方. 夕食	91
저번주	先週	98
저장하다	保存する. 貯蔵する	137
저희	私ども. 私たち	100
적	とき. こと	183
적	…的	262
전	前	14, 37
적당하다	適当だ	61

299

전공	専攻	49
전공하다	専攻する	164
전국	全国	262
전기	電気	131
전등	電灯	131
전주	全州	52
전철	電車	152
전하다	伝える	65, 70
전화	電話	65
절대로	絶対に	251
점	点	98
점차	だんだん. 次第に. 徐々に	262
접다	畳む. 折る	130
정도	程度. くらい. ほど	37, 119
정리하다	片付ける. 整理する	130
정말	本当. 本当に	89, 201
정신	精神. 気	146
제	正しい	147
제대로	きちんと. ろくに. 満足に	68, 163
제대하다	除隊する	173
조교	助手	221
조사하다	調べる. 調査する	119
조심하다	気をつける	223
좀	ちょっと. 少し	52
종이	紙	146, 276
좋아하다	好きだ. 好む	59, 227
주년	周年	100
주말	週末	59
주문하다	注文する	165, 259
주사	注射	134
주인공	主人公	37
준비	準備	189
준비하다	準備する	248
중	中. 間. 途中	149
−중	…するところ. …中	65
중국집	中華料理店	77
중부지방	中部地方	262
중요하다	重要だ. 大切だ. 大事だ	152
중화각	中華閣	77
증상	症状	134
지나다	過ぎる	164
지내다	過ごす. 暮す	68, 208, 223
지하철	地下鉄	154
직원	職員. 係員	18
진동	マナーモード	85
진심	真心	100
진짜	本物. 本当. 本当に	14, 225
짐작하다	見当がつく	165
짓다	作る. 炊く. 処方する	134
짜장면	ジャージャー麺	77
짝짝짝	パチパチパチ	29
짬뽕	チャンポン	77
쩔쩔매다	うろたえる	163
쪽	方. 側. 方面	52
쫓아다니다	追いかける. ついていく. 付きまとう	172
찍다	伐る. 撮る. 写す. 刷る	103, 172

●(치읓)

차	車. 自動車	34
찰칵	カシャッ	103
참	本当に. とても. 本当. 真. 真実	223
참여	参加	248
창립	創立	100
창문	窓	77
창피해지다	恥ずかしくなる	165
찾다	探す. 求める. 見つける. 下ろす	105
찾아 뵙다	お伺いする. 伺う	70
채이다	振られる	225
책꽂이	本棚	130
챙기다	そろえる. まとめる. 整理する. かすめとる. 面倒を見る. 気を使う	192
처음	最初. 初め	17
천생연분	天が定めた縁. 運命の糸で結ばれた縁	173
천천히	ゆっくり	152
첫눈에	一目で. 第一印象で	172
청바지	ジーパン	114
체크하다	チェックする	61, 116
초월하다	超える. 超越する	173
총책임	総責任	17
추석	チュソク	246

축하하다	祝う	192
춘천	春川	258
출발하다	出発する	81
충분하다	十分だ. 足りる	134
취재하다	取材する	172
취직	就職	189
취하다	取る. 選択する	134
치다	打つ	198
치우다	片付ける. どける. 始末する	130
친절하다	親切だ. やさしい	18
친하다	親しい	183
칠판	黒板	221
칭찬	称賛. ほめること	227

● ㅋ(키읔)

카메라	カメラ	103
카페	カフェ	165
칼국수	カルグクス. 切り麺	238
캐스터	キャスター	262
캔	缶	146
커트	カット	149
커플	カップル	172
컴퓨터	コンピュータ	49
코	鼻	236
콘서트	コンサート	59
콜라	コーラ	164
큰일	大変なこと. 重大なこと	98, 137

● ㅌ(티읕)

타입	タイプ	236
탈	事故. 故障. 病気	208
탈의실	脱衣室. 試着室	114
태극기	太極旗	241
택시	タクシー	154
터놓다	開ける. 取り除く. 打ち明ける	279
토론	討論	248
통	全然. さっぱり	165
통하다	通じる	164, 173
퇴근	退社. 勤め帰り	183

● ㅍ(피읖)

파마	パーマ	149
페이스커버	フェイス・カバー. フェイス・シート	114
펴다	張る. 広げる	61
편	方(ほう). 側(がわ)	147
편의점	コンビニ	234
편하다	楽だ	181
평소	普段. 平素	160
포기하다	あきらめる	165
폰카	カメラつきケータイ	103
표	切符. チケット	246
표정	表情	61, 163
표준어	標準語	202
표현	表現	198
표현되다	表現される. 表される	119
표현하다	表現する. 表わす	192
프런트	フロント	79
프로젝트	プロジェクト	17

● ㅎ(히읗)

하늘	空. 天	119
하드 디스크	ハードディスク	137
하루	一日	61
학년	学年	14
학번	入学年度	49
한	約. およそ. だいたい	37
한때	一時. 時々. ひととき	262
한번	一度. 一回.	68, 119
한복	韓国の民族衣装	223
한잔	軽く飲むお酒	68
한턱(을) 내다	おごる. ご馳走する	91
함께	一緒に. 共に	29
항상	常に. いつも	100
핸드폰	携帯電話	68, 252
햇볕	日の光. 日差し	181
향기롭다	芳ばしい	61
헤매다	迷う. うろつく	173
현대	現代	70
호텔 롯데월드	ホテル・ロッテワールド	79

혼(이)나다	怒られる. 叱られる. ひどい目に会う	227
혼자서	一人で	14
화이팅	ファイト	189
화장	化粧	114
화장지	トイレットペーパー. ちり紙. ティッシュ	251
확인하다	確認する	152
환경문제	環境問題	248
활기차다	活気あふれる	61
회의	会議	61
회화	会話	279

후	後	248
휘날리다	翻る. ひらめく. はためく	241
휴강	休講	221
휴식	休憩	134
흐리다	曇る	262
희망	希望	119
희소식	よい便り	68
힘	力	100
힘(을)내다	元気を出す. 力を出す	225
힘들다	難しい. 疲れる. しんどい. 大変だ	209

日本語単語集＋索引 （日本語 → 韓国語）

●アルファベット

C・C	씨씨	172
Korea Train Express	KTX	246

●あ

ああ	아유	89
ああ	아이구	89
間	중	149
間柄	사이	103
あいづち	맞장구	198
愛用する	애용하다	100
合う	맞다	134, 181, 198
会う	만나다	14
上がる	올라가다	262
あきらめる	포기하다	165
空く	비다	91
あける	벌리다	134
開ける	열다	77
開ける	터놓다	279
足	다리	172
預かる	맡다	17, 91
アステリスク	별표	81
暖かい	따뜻하다	262
アタックする	대시하다	163
頭	고개	201
頭	머리	149
新しく	새로	29
当たる	맞다	134, 181, 198
熱い	뜨겁다	100
合っている	맞다	134, 181, 198
後	나중	65
後	다음	137
後	후	248
後で	이따가	83, 91, 130
あの	있잖아	241
あのね	있잖아	241
アプクジョンドン	압구정동	34
あまりに	너무	98
雨	비	34, 234
誤ちを犯す	잘못하다	137
謝る	사과하다	192
新に	새로	29
改めて	새로	29
あらまあ	세상에	103
表される	표현되다	119
表わす	표현하다	192
ありがたい	고맙다	192
ありのまま	그대로	173
ありのままに	똑바로	274
歩く	걷다	274
アルバイト	아르바이트	209
あれ	아이구	89
合わせて	아울러	248
慌てる	당황하다	137
いきなり	갑자기	164, 209
いくらぐらい	얼마나	37, 227
意志	뜻	201
急いでいる	급하다	152, 154
忙しい	바쁘다	59, 89
一時	한때	262

一度	한번	68, 119
一日	하루	61
一番	가장	236
一夜漬け	벼락치기	160
一回	한번	68, 119
一回払い	일시불	114
一括払い	일시불	114
一所懸命	열심히	89, 160, 189
一緒に	함께	29
一体	세상에	103
いったん	일단	274
一致する	맞다	134, 181, 198
一般	일반	146
いつも	항상	100
今すぐ	금방	131
いまだに	아직	29
今や	이제	251
意味	뜻	201
いや	뭐	68
いや	아니	163
いや	아유	89
嫌がる	싫어하다	236
居らっしゃる	계시다	70
祝う	축하하다	192
インターネット	인터넷	59
うーん	아유	89
伺う	여쭈다	105
伺う	찾아 뵙다	70
浮かぶ	뜨다	116
受かる	붙다	252
浮かれる	신나다	241
浮く	뜨다	116
受け入れる	받아들이다	166
受け取る	받다	65
受け持つ	맡다	17, 91
受ける	받다	65
うそ	거짓말	201
打ち明ける	터놓다	236
打つ	치다	198
うっかり	깜박	137
美しい	아름답다	119
写す	찍다	103, 172
打ってもらう	맞다	134, 181, 198
売り切れ	매진	246
うるさい	귀찮다	276
うるさい	까다롭다	147
うれしい	반갑다	14
うろたえる	쩔쩔매다	163
うろつく	헤매다	173
うわ	와	14
うわ	으아	152
うわさ	소문	18
うん	그래	241
運がいい	다행이다	98
運動	운동	61
運命の糸で結ばれた縁	천생연분	173
映画館	극장	274
閲覧する	열람하다	105
干支(えと)	띠	52
縁起が悪い	불길하다	252
援助	도움	98
遠慮すること	기탄	248
追いかける	쫓아다니다	172
追いつく	따라가다	258
応援	응원	189
お伺いする	찾아 뵙다	70
多く	많이	17, 154
おおまかに	대충	264
おかげ	덕분	68, 89
おかっぱ髪	단발	149

悪寒	오한	134
起き上がる	일어나다	61, 223
お客様	손님	130, 259
お客さん	손님	130, 259
起きる	일어나다	61, 223
お国ことば	사투리	202
贈り物	선물	100
送る	보내다	152
遅れる	늦다	154
おことば	말씀	17
怒られる	혼(이)나다	227
おごる	한턱(을) 내다	91
押さえる	누르다	81
幼い	어리다	52, 183
惜しい	아깝다	163
押入れ	붙박이장	181
教える	가르치다	119
おじさん	아저씨	236
押す	누르다	81
遅い	늦다	154
恐ろしい	무섭다	279
お宅	댁	34
落ちる	떨어지다	251
追っていく	따라가다	258
音	소리	81
男の友達	남자친구	152
お年玉	세뱃돈	223
同じだ	같다	34
お願いする	부탁하다	18
お話	말씀	17
お目にかかる	만나뵙다	18
お目にかかる	뵙다	14, 17
思い	뜻	201
面白い	재밌다	198
およそ	한	37
折る	접다	130

下ろす	찾다	105
降ろす	내리다	116
おろそかに	소홀히	166
終わる	끝나다	81, 248
恩恵	덕분	68, 89

● か

科	과	14
会議	회의	61
外国	외국	53
外国語	외국어	202
外国人	외국인	105
外来語	외래어	164
会話	회화	279
かえって	오히려	154
帰る	돌아가다	274
代える	바꾸다	149
顔	얼굴	163
顔色	안색	225
価格	값	181
係員	직원	18
かかる	달리다	251
かかる	걸리다	134, 276
かかる	걸치다	173
かかる	끼다	262
書く	쓰다	221
確認する	확인하다	152
学年	학년	14
隠れる	숨다	166
かける	걸다	65, 163
かける	걸치다	173
掛ける	걸다	65, 163
傘	우산	234
かしげる	갸우뚱거리다	201
カシャッ	찰칵	103

305

歌手	가수	59
…箇所	군데	181
かすめとる	챙기다	192
風	바람	119
風邪	감기	134
家族	식구	227
家族の構成員	식구	227
形	모양	149
片付ける	정리하다	130
片付ける	치우다	130
傾く	넘어오다	172
傾ける	갸우뚱거리다	201
課長	과장	17
勝つ	이기다	189
活気あふれる	활기차다	61
格好いい	멋있다	59
格好いい	멋지다	163, 183
カット	커트	149
カップル	커플	172
必ず	꼭	137
かなり	굉장히	37, 163
かなり	꽤	147
可能だ	가능하다	79
カフェ	카페	165
壁	장벽	164, 173
構わない	괜찮다	225
紙	종이	146, 276
髪	머리	149
カメラ	카메라	103
カメラつきケータイ	디카폰	103
カメラつきケータイ	폰카	103
辛い	맵다	208
体	몸	221
借りる	빌리다	98
カルグクス	칼국수	238

軽く飲むお酒	한잔	68
彼氏	남자친구	152
かろうじて	겨우	163
側	쪽	52
側(がわ)	편	147
かわいい	예쁘다	103
変わった	별	208
缶	캔	146
環境問題	환경문제	248
韓国の民族衣装	한복	223
感じ	기분	37
感謝	감사	192
感じる	느끼다	236, 252
関心	관심	172
完全に	완전히	165
感嘆する	감탄하다	201
元旦	설	223
元旦	설날	223
簡単だ	간단하다	201
簡単に	간단히	29
頑張って	열심히	89, 160, 189
頑張る	뛰다	89
管理室	경비실	131
気	신경	183
気	정신	146
木	나무	172
気温	기온	262
着替える	갈아입다	114, 223
聞き返す	되묻다	165
聞き取る	알아듣다	264
企業体	업체	89
聞く	듣다	17, 37
聞く	묻다	98
期待する	기대되다	241
忌憚	기탄	248
きちんと	제대로	68, 163

日本語	韓国語	ページ
きっと	꼭	137
切符	표	246
気になる	궁금하다	198
厳しい	까다롭다	147
厳しい	엄격하다	18
希望	희망	119
金海	김해	52
気持ち	기분	37
気持ち	마음	192, 251
キャスター	캐스터	262
休憩	휴식	134
休講	휴강	221
急だ	급하다	152, 154
急を要する	급하다	152, 154
教室	교실	221
業者	업체	89
教養	교양	37
距離	거리	61
京畿地方	경기지방	262
嫌いだ	싫어하다	236
切り麺	칼국수	238
切る	끊다	236
着る	입다	114
伐る	찍다	103, 172
きれいだ	예쁘다	103
気を使う	챙기다	192
気をつける	조심하다	223
銀行員	은행원	53
緊張する	긴장되다	14
薬	약	134
口	입	134
靴	구두	251
苦痛	고통	119
くっつける	붙이다	103
首	고개	201
首	목	134
雲	구름	262
曇る	흐리다	262
くらい	정도	37, 119
暮す	지내다	68, 208, 223
苦しみ	고통	119
車	차	34
軍隊	군대	173
京畿地方	경기지방	262
計算	계산	114
継続	계속	225
携帯電話	핸드폰	68, 252
警備室	경비실	131
ケータイメール	문자	152
ゲーム	시합	189
劇場	극장	274
化粧	화장	114
消す	끄다	116
結果	결과	89
結局	결국	172
結婚式	결혼식	183
結婚する	결혼하다	201
元気を出す	힘(을)내다	225
言語	언어	173, 202
健康	건강	61
現代	현대	70
見当がつく	짐작하다	165
…個	개	77
子犬	강아지	227
工学	공학	49
合格する	붙다	252
交換する	바꾸다	65, 149
広告	광고	52
交際する	사귀다	152, 225, 279
芳ばしい	향기롭다	61
声	소리	81

307

越えてくる	넘어오다	172
超える	초월하다	173
コーラ	콜라	164
故郷	고향	52
国語	국어	202
黒板	칠판	221
ここですよ	여기요	91
心	마음	192, 251
心	맘	181
故障	탈	208
ご馳走する	한턱(을) 내다	91
こちら	이쪽	17
国境	국경	173
こっち	이쪽	17
こと	일	17, 163
こと	적	183
異なる	다르다	189, 234
ことば	말	14, 202
子供	애	163
好む	좋아하다	59, 227
このように	이렇게	18
コピー	복사	276
困る	곤란하다	236
ごみ	쓰레기	146
米印	별표	81
これから	앞으로	18, 251
転がってゆく	굴러가다	252
恐い	무섭다	279
今回	이번	17
今後	앞으로	18, 251
コンサート	콘서트	59
今度	이번	17
コンパ	미팅	236
コンビニ	편의점	234
コンピュータ	컴퓨터	49

● さ

さあ	글쎄	59, 264
サークル	동아리	172
…歳	살	49, 223
再起動する	재기동시키다	137
最高に	가장	236
最初	처음	17
幸いだ	다행이다	98
探す	찾다	105
先に	먼저	183
作業する	작업하다	137
酒	술	68
下げる	내리다	116
差し込む	꽂다	130
挿しておく	꽂아 놓다	234
(傘を)差す	쓰다	34
挿す	꽂다	130
座席	자리	70
させる	시키다	77
さっき	아까	116
さっぱり	통	165
さほど	별로	91
…様	-님	14
寒気	오한	134
三星物産	삼성물산	70
左右される	달리다	251
さらに	더	100, 279
さらに	더욱	100
…さん	-이	14
参加	참여	248
残念だ	아깝다	163
…さんの家	-네	65
詩	시	119
試合	시합	189
ジーパン	청바지	114

308

司会	사회	183
叱られる	혼(이)나다	227
試験	시험	98, 160
資源物	재활용	146
事故	탈	208
自己紹介	자기 소개	29
仕事	일	17, 163
事実	사실	34
詩集	시집	119
自信	자신	163, 279
自信	자신감	164
時代	시대	119
…次第だ	달리다	251
次第に	점차	262
したがらない	싫어하다	236
親しい	친하다	183
試着室	탈의실	114
シッケ	식혜	259
実に	세상에	103
実力	실력	264, 279
失礼ですが	실례지만	49
自動車	자동차	70
自動車	차	34
自動的	자동적	137
しばらく	잠깐만	65
しばらく	잠시만	79
しばらくの間だけ	잠시만	79
字幕	자막	264
始末する	치우다	130
地面	땅	252
じゃ	그럼	14, 238
ジャージャー麺	짜장면	77
謝恩	사은	100
写真	사진	103
シャワー	샤워	65
習慣	습관	279

就職	취직	189
重大なこと	큰일	98, 137
…周年	주년	100
十分だ	충분하다	134
週末	주말	59
重要だ	중요하다	152
守衛室	경비실	131
授業	수업	37
宿題	숙제	119
取材する	취재하다	172
主人公	주인공	37
手段	길	154
出発する	출발하다	81
瞬間	순간	252
順番	순서	130
準備	준비	189
準備する	마련하다	248
準備する	준비하다	248
紹介する	소개시키다	14
紹介する	소개하다	17, 225
正月	설	223
正月	설날	223
状況	상황	189
称賛	칭찬	227
正直に	똑바로	274
症状	증상	134
生じる	나다	81, 134
生じる	생기다	77
上手に	잘	208
使用する	사용하다	114
使用する	쓰다	116, 183
上達する	늘다	279
冗談を言う	농담하다	137
商品	상품	100
食あたり	배탈	208
職員	직원	18

309

植民地	식민지	119
助手	조교	221
徐々に	점차	262
除隊する	제대하다	173
処方する	짓다	134
所有する	갖다	77
書類	서류	61
知らせる	알리다	262
知らない	모르다	227
調べる	조사하다	119
知りたい	궁금하다	198
資料	자료	105
知る	알다	70
シングルルーム	싱글 룸	79
神経	신경	183
信号	신호등	274
真実	참	223
信じる	믿다	164
親切だ	친절하다	18
身体	몸	221
しんどい	힘들다	209
新年の挨拶をする	세배하다	223
スーツ	양복	183
好きだ	좋아하다	59, 227
過ぎる	지나다	164
少し	좀	52
過ごす	지내다	68, 208, 223
スジョングァ	수정과	259
ずっと	계속	225
すっぽかされる	바람 맞다	225
素敵だ	멋있다	59
素敵だ	멋지다	163, 183
捨てられる	버려지다	227
捨てる	버리다	147
ストレートヘア	생머리	149

すばらしい	멋지다	163, 183
すべて	다	137, 264
スポーツ	스포츠	189
すまない	미안하다	192
刷る	찍다	103, 172
…するところ	-중	65
澄んでいる	맑다	262
声援	성원	100
精神	정신	146
整理する	정리하다	130
整理する	챙기다	192
セーター	스웨터	114
席	자리	70
世間一般のこと	세상일	251
世事	세상일	251
絶対に	절대로	251
説明のチラシ	안내문	146
是非	꼭	137
背広	양복	183
セミロング	단발	149
ゼロ三	공삼	49
専攻	전공	49
専攻する	전공하다	164
全国	전국	262
先週	저번주	98
全州	전주	52
全然	통	165
選択する	취하다	134
全部	다	264
そういう	그러다	34, 152
送金	송금	53
そうじゃなくても	안 그래도	246
そうしよう	그래	241
そうする	그러다	34, 152
そうすれば	그러면	223
総責任	총책임	17

310

日本語	韓国語	ページ
そうそう	그래	241
想像する	상상하다	166
そうだ	그렇다	34
そうだよ	그럼	14, 238
そうだろう	그치	198
そうでしょう	그치	198
そうなんだよ	누가 아니래?	163
雑煮	떡국	223
創立	창립	100
ソウル	서울	262
ソウルことば	서울말	202
そして	그리구	146
祖先発祥の地	본관	52
そのせいかどうか	그래서 그런지	37
そのとおり	그대로	173
そのまま	그냥	154, 165
そのまま	그대로	173
そのようにする	그러다	34, 152
そば	옆	173
空	하늘	119
それがね	아니	163
それじゃ	그럼	14, 238
それで	그래서	163
それでか	어쩐지	225
それなら	그러면	223
それほど	그다지	181
そろえる	챙기다	192
そんなに	그렇게	225
ソンブクドン	성북동	34

● た

第一印象で	첫 눈에	172
大学	대학	37
太極旗	태극기	241
大事だ	중요하다	152
退社	퇴근	183
大丈夫だ	괜찮다	225
大切さ	소중함	173
大切だ	중요하다	152
大体	대충	264
だいたい	한	37
大パーティー	대잔치	100
タイプ	타입	236
たいへんだ	대단하다	264
大変だ	힘들다	209
大変なこと	큰일	98, 137
ダウンロードする	다운 받다	85
倒れる	넘어오다	172
高い	비싸다	181, 192
互い	서로	279
互いに	서로	279
炊く	짓다	134
たくあん	단무지	77
たくさん	많이	17, 154
タクシー	택시	154
出す	내다	146
助け	도움	98
助ける	돕다	17
尋ねる	묻다	98
ただ	그냥	154, 165
正しい	맞다	134, 181, 198
正しい	제	147
ただで	그냥	154, 165
畳む	접다	130
立ちこめる	끼다	262
断つ	끊다	236
脱衣室	탈의실	114
だって	아니	163
楽しみだ	기대되다	241
頼む	부탁하다	18
食べ物	음식물	147

たまる	밀리다	154
…だよ	뭐	68
便りのないこと	무소식	68
足りる	충분하다	134
単語	단어	201
誕生日	생일	192
だんだん	점차	262
担当者	담당자	276
担当する	맡다	17, 91
チェックする	체크하다	61, 116
近い	가깝다	181
違う	다르다	189, 234
地下鉄	지하철	154
力	힘	100
力を出す	힘(을)내다	225
チケット	표	246
…ちゃん	-이	14
チャンポン	짬뽕	77
…中	-중	65
中華閣	중화각	77
中華料理店	중국집	77
注射	주사	134
中部地方	중부지방	262
注文する	시키다	77
注文する	주문하다	165, 259
チュソク	추석	246
春川	춘천	258
超越する	초월하다	173
調査する	조사하다	119
ちょうど	딱	181
ちょうど	마침	119
ちょうどいいところに	마침	119
貯蔵する	저장하다	137
ちょっと	잠깐만	65
ちょっと	좀	52
ちり紙	화장지	251
つい	그만	146
ついていく	따라가다	258
ついていく	쫓아다니다	172
通じる	통하다	164, 173
使う	사용하다	114
使う	쓰다	116, 183
疲れる	힘들다	209
使われる	쓰이다	198
次	다음	137
付き合う	사귀다	152, 225, 279
次の	다음	137
付きまとう	쫓아다니다	172
つく	붙다	252
着く	도착하다	81
作り付けのたんす	붙박이장	181
作る	짓다	172
つける	붙이다	103
告げる	알리다	262
伝える	전하다	65, 70
続き	계속	225
勤め帰り	퇴근	183
つながる	연결되다	81
つなぐ	연결하다	79
常に	항상	100
つまずく	걸리다	134, 276
詰まる	막히다	154
連れて行く	데려가다	227
連れる	데리다	173
出会い	만남	172
ティッシュ	화장지	251
程度	정도	37, 119
データ	데이터	137
デート	데이트	59, 183
…的	적	262
適当だ	적당하다	61

できる	가능하다	79
できる	생기다	77
できれば	되도록이면	146
手順	순서	130
手伝う	돕다	17
出て来る	나오다	103, 173, 234
では	그럼	14, 238
出前を頼む	시키다	77
手短に	간단히	29
出る	나다	81, 134
出る	나오다	103, 173, 234
天	하늘	119
点	점	98
天が定めた縁	천생연분	173
天気	날씨	77, 262
電気	전기	131
電車	전철	152
電灯	전등	131
電話	전화	65
トイレットペーパー	화장지	251
どういうことですか	뭐에요	14
どういうふうにする	어떡하다	152
どういうわけか	어쩐지	225
動画	동영상	248
同好会	동아리	172
どうした	웬	89
どうしたの？	왜 그래?	137
どうしてですか	왜요	246
どうせ	어차피	164, 246
どうやら	어쩐지	225
討論	토론	248
遠い	멀다	29
遠回りする	돌아가다	274
通り	거리	61, 172

とき	적	183
時々	한때	262
どける	치우다	130
どこ	어디	119
どこか	어딘가	137
所	곳	166, 262
年	나이	49, 223
図書館	도서관	236
土地	땅	252
途中	중	149
突然	갑자기	164, 209
とても	굉장히	37, 163
とても	너무	98
とても	참	223
滞る	밀리다	154
どのように	어떻게	37, 149
飛ばす	날리다	137
戸惑う	당황하다	137
…度目	-번째	146
ともに	아울러	248
共に	함께	29
ドラマ	드라마	37
取り替える	갈아끼우다	131
取り替える	바꾸다	65
とりこになる	반하다	172
取り除く	터놓다	279
取引	거래	89
取引先	거래처	61
努力する	노력하다	100
撮る	찍다	103, 172
取る	받다	65
取る	취하다	134
どれ	어디	119
どれぐらい	얼마나	37, 227
どれほど	얼마나	37, 227
とんでもございません	별말씀을요	18, 89

313

どんな	어떤	52
どんなに	어떻게	37, 149
どんなに	얼마나	37, 227
どんなふうに	어떻게	37, 149

● な

中	중	149
仲	사이	103
なかなかいい	괜찮다	225
なくす	날리다	137
なくす	잃다	146, 173
なくなる	없어지다	234
なぜ	왜	152
なぜですか	왜요	246
夏休み	여름 방학	208
なに	뭐	68
…なのよ	뭐	68
悩み	고민	149
なる	나다	81, 134
なる	되다	37
なるほど	어쩐지	225
なんで	왜	152
何ですか	뭐에요	14
何と	뭐라	89
なんとなく	그냥	154, 165
何の	무슨	49
何の	웬	89
似合う	어울리다	149
二十	스물	49
日常	일상	264
日文科	일문과	14, 49
日課	일과	61
似ている	비슷하다	164
日本語	일본어	37
入学年度	학번	49
入社試験	입사시험	251
ニュース	뉴스	264
にわか仕事	벼락치기	160
値段	값	181
熱	열	134
熱心に	열심히	89, 160, 189
年齢	나이	49, 223
残す	남기다	84
残る	남다	251
後	나중	65
後	다음	137
後	후	248
後ほど	나중	65
後ほど	이따가	91, 130
喉	목	134
伸びる	늘다	279
登る	올라가다	262
…のような	같은	146, 189
…のわけだ	셈이다	137

● は

場	장	248
ハードディスク	하드	137
パーマ	파마	149
入って行く	들어가다	105
入る	들어가다	105
はく	입다	114
拍手	박수	29
始まる	시작되다	61
始まる	시작하다	89
初め	처음	17
初めて	비로소	173
始める	시작하다	89
場所	곳	166, 262
走る	뛰다	89
恥ずかしくなる	창피해지다	165

はためく	휘날리다	241		百万	백만	53
パチパチパチ	짝짝짝	29		病院	병원	221
発音	발음	165		病気	탈	119
バッテリー	밧데리	252		表現	표현	198
発表	발표	248		表現される	표현되다	119
鼻	코	236		表現する	표현하다	192
話	말	14, 202		標準語	표준어	202
話	얘기	152, 198		表情	표정	61, 163
花火	불꽃놀이	209		ひらめく	휘날리다	241
離れる	떨어지다	251		翻る	휘날리다	241
早めに	일찍	61		広い	넓다	181
張る	펴다	61		広げる	벌리다	134
貼る	붙이다	103		広げる	펴다	61
晴れている	맑다	262		広まっている	자자하다	18
腫れる	붓다	134		瓶	병	146
晴れる	개다	262		ファイト	화이팅	189
晴れる	맑다	262		フェイス・カバー	페이스커버	114
…番目	-번째	146		フェイス・シート	페이스커버	114
引き受ける	맡다	17, 91		増える	늘다	279
引き続き	계속	225		部下	부하	18
日差し	햇볕	181		深く	깊이	279
久しぶり	오래간만	68		深さ	깊이	279
非常に	굉장히	37, 163		部活	동아리	172
非常に	꽤	147		不吉だ	불길하다	252
左側	왼쪽	105		腹痛	배탈	208
ひっかかる	걸리다	134, 276		ふさがる	막히다	154
引っ越す	이사하다	146		ふさわしい	어울리다	149
ぴったり	딱	181		無事に	잘	208
ひどい目に会う	혼(이)나다	227		再び	다시	65, 81
ひととき	한때	262		普段	평소	160
ひとまず	일단	274		部長	부장	17
一目で	첫눈에	172		ぶつかる	부딪히다	164
一人で	혼자서	14		不要に	괜히	154
日にち	날짜	146		ぶら下がる	달리다	251
日の光	햇볕	181		振られる	바람 맞다	225
秘密	비밀	59		振られる	채이다	225

プリクラ	스티커사진	103
古い	낡다	181
ふるさと	고향	52
プルルル	따르르릉	77
プレゼント	선물	100
プロジェクト	프로젝트	17
フロント	프런트	79
文化	문화	279
分割払い	분할	114
分別収集	분리 수거	146
分離する	분리하다	147
平素	평소	160
別に	따로	172
別に	별	208
別に	별로	91
別々に	따로	172
方(ほう)	쪽	52
方(ほう)	편	147
貿易	무역	52
方言	방언	202
方向	방향	34, 163
放送	방송	100
方法	길	154
方面	쪽	52
ボーイフレンド	남자친구	152
ほかに	따로	172
保管箱	보관함	105, 130
母語	모어	202
母国語	모국어	202
星	별	119
保存する	저장하다	137
ボタン	단추	251
ボディー・ランゲージ	바디랭귀지	173
ホテル・ロッテワールド	호텔 롯데월드	79
ほど	정도	37, 119
ほめること	칭찬	227
惚れる	반하다	172
本棚	책꽂이	130
本当	정말	89, 201
本当	진짜	14, 225
本当	참	223
本当に	정말	89, 201
本当に	진짜	14, 225
本当に	참	223
本物	진짜	14, 225

● ま

まあ	글쎄	59, 264
まあまあだ	웬만하다	61
毎月	매달	146
前	전	14, 37
前に	먼저	183
前もって買う	예매하다	246
曲がって行く	돌아가다	274
真心	진심	100
真	참	223
まず	먼저	183
まず	우선	248
また	다시	65, 81
まだ	아직	29
またがる	걸치다	173
街	거리	61, 172
間違う	잘못되다	201
間違う	잘못하다	137
待つ	기다리다	65
まっすぐ	똑바로	274
窓	창문	77
まとめる	챙기다	192
マナーモード	진동	85
(道に)迷う	잃다	146, 173
迷う	헤매다	173

回っていく	돌아가다	274
マンション	아파트	147
満足に	제대로	68, 163
ミーティング	미팅	236
見える	보이다	119, 241
見事だ	멋지다	163, 183
見事に	잘	208
店	가게	234
見せる	보이다	119, 241
…みたいな	같은	146, 189
道	길	154
見つける	찾다	105
みなさま	여러분	29, 100
みなさん	여러분	29, 100
南向き	남향	181
身分証明書	신분증	105
見回す	둘러보다	61
みんな	다	264
ムービー	동영상	248
向かい側	건너편	238
迎える	맞이하다	100
むくむ	붓다	134
向こう側	건너편	238
むしろ	오히려	154
難しい	어렵다	160
難しい	힘들다	209
無駄に	괜히	154
胸	가슴	61
目上の年を取った方	웃어른	223
メニュー	메뉴	164
メニュー	메뉴판	165
メモリースティック	메모리스틱	137
面倒だ	귀찮다	276
面倒を見る	챙기다	192
もう	뭐	68
もう	이제	251
もう	이젠	208
もう一度	다시	65, 81
文字	문자	152
もしもし	여보세요	65
もちろん	그럼	14, 238
持つ	가지다	103
持つ	갖다	77
もったいない	아깝다	163
もっと	더	100, 279
もっと	더욱	100
最も	가장	236
求める	찾다	105
ものすごい	대단하다	264
ものすごく	굉장히	37, 163
もはや	이제	208, 251
もはや	이젠	208
もらう	받다	65
問題	문제	160

● や

約	한	37
約束	약속	70, 225
やさしい	친절하다	18
易しい	간단하다	201
厄介だ	귀찮다	276
やっと	겨우	163
やめる	끊다	236
ややこしい	까다롭다	147
やらせる	시키다	77
夕方	저녁	91
夕食	저녁	91
有名だ	유명하다	119
ゆっくり	천천히	152
よい便り	희소식	68
用意する	마련하다	248

用事	일	17, 163
様子	모양	149
用法	용법	201
ようやく	비로소	173
よかった	다행이다	98
よかったね	잘됐다	241
よく	잘	208
横	옆	173
よせばいいのに	괜히	154
予想	예상	262
詠む	읊다	119
予約	예약	79
より一層	더욱 더	100
よる	달리다	251

● ら

楽だ	편하다	181
理解する	알아듣다	264
理解する	이해하다	279
リサイクルごみ	재활용	146
両…	양-	172
両方の	양-	172

両面	양면	276
…類	-류	146
留守番サービス	소리샘	81
留守番電話	자동응답기	81
連絡	연락	68
廊下	복도	131
朗読する	낭독하다	119
浪人	재수	49
録音	녹음	81
ろくに	제대로	68, 163
ロッカー	보관함	105, 130

● わ

若い	어리다	52, 183
わかった	그래	241
わからない	모르다	227
わかる	알다	70
分ける	분리하다	147
忘れる	잊다	137
私たち	저희	100
私ども	저희	100

事項索引

● ハングル

ㄴ[n]の挿入	44
한다体	54, 60
합니다体	54-55
해体	54, 56
해요体	54-55

● あ行

あいづち	30
あいまいに述べる原因	177
アスペクト	39
意外	111
意向法	127, 255
意志の表現	253-257
意図	243, 255
依頼の表現	121
引用	73, 195
引用終止形	214, 218
引用接続形	212-213
引用の過去終止形	217
引用の形	210
引用への驚き	94
引用連体形	214
受身	228
受身の形	228
干支(えと)	52
婉曲形	25
婉曲な疑問	38
応答語尾	43
応答する	38
驚きの報告	179
思い込み	111

● か行

確認疑問	141
過去	283
過去完成連体形	23
過去の事柄についての推量	267
過去のことに対する仮想	157
過去のことに対する仮想条件	158
過去のことに対する仮定の提案	156
過去様相についての近似像	142
仮定	94
可能/不可能	108
韓国語で韓国語について尋ねる	193
韓国語について尋ねる表現	194
感謝の表現	92
感嘆の報告	141
勧誘	56
勧誘形の引用	211
勧誘の引用終止形	216
危機脱出	94
既然確言法	254
技能などについての可能/不可能	111
希望	127
疑問	56
疑問形の引用	212
疑問の引用終止形	216
許可	107
許可の表現	106
敬意体	54, 231
継続進行	39
携帯電話に関わる表現	85
形容詞	20
結果の継続	40, 139
原因	24, 176
現在既定連体形	22

319

謙譲の授受	71, 125
後悔を述べる表現	155
公式の場での表現	253
語幹	281, 282
語基	280-283
故事成語	204
ことばについて尋ねるための語彙	202
語尾	282

● さ行

再帰的な動詞の動作の結果の継続アスペクト	39
再帰動詞	41
志向	139
子音語幹	281
辞書形	281
質問の前提となる表現	193
指定詞	20
自動詞	20, 229
自動詞受身文	229
自動詞能動文	229
自動詞の動作の結果の継続	40
授受	122
受動形	228
将然判断	268, 283
将然判断法	254
助言	138
助言の表現	138
推量	265-266
推量法	254
推量を伴った前提	271
スピーチレベル	54
接尾辞	283
相談法	72, 110
尊敬	283
尊敬と丁寧のしくみ	126
存在詞	20

● た行

第Ⅰ語基	280
第Ⅲ語基	280
第Ⅱ語基	280
体言の引用	24
体験法	231
尋ねる	38
他動詞	20, 229
他動詞受身文	229
他動詞能動文	229
中断	108
中断語尾	43
中断の丁寧化語尾	256
中途	108
提案	155
提案の表現	242
丁寧化の応答語尾	38, 43
丁寧化の中断語尾	43
丁寧化のマーカー	43
電話の会話	71
電話の表現	82-86
同意の要求	141
同意を要求する確認疑問	45
動作の継続進行	140
動作の継続進行アスペクト	39
動詞	20
到達	139

● な行

なりゆき・推移の新段階	24
能動	229
能動形	228

● は行

発見的感嘆	25
話し手に写った印象様態	158, 195, 244
話を導入する	178
非過去様相についての近似像	143
非敬意体	54, 231
非現場的様相についての近似像	143
評価判断の対象を引用する接続形	95

不満などを伴う推量	271
平叙	56
平叙の引用終止形	215
母音語幹	281
母音調和	282

● ま行

未実現の過去についての当為	157
命令	56
命令形の引用	211
命令の引用終止形	217
目的	243

● や行

約束法	26, 255
用言	20
用言の形作り	280
用言の活用	280
予期連体形	23

● ら行

理由	174
連体形	21

著者

野間 秀樹 （のま・ひでき）

東京外国語大学大学院教授を経て，現在，国際教養大学客員教授．朝鮮言語学，日韓対照言語学専攻．2005年度NHKテレビハングル講座監修，2004-2005年度ラジオハングル講座講師．著書に『한국어 어휘와 문법의 상관구조（韓国語 語彙と文法の相関構造）』（ソウル：太学社），『新・至福の朝鮮語』（朝日出版社），『直訳を超える！絶妙のハングル』（日本放送出版協会），『暮らしの単語集 韓国語』（ナツメ社）等，編著書に『韓国語教育論講座』（くろしお出版），共著書に『Campus Corean－はばたけ！韓国語』（朝日出版社），『朝鮮語を学ぼう』（三修社），『コスモス朝和辞典』（白水社）等がある．大韓民国より文化褒章受章．

ホームページ　http://www.aurora.dti.ne.jp/~noma/
facebook page　http://www.facebook.com/study.korean.noma

金 珍娥 （きむ・じな）

明治学院大学准教授．東京外国語大学大学院博士課程修了．博士（学術）．2005年度NHKテレビハングル講座講師。日韓対照言語学，談話研究，韓国語教育専攻．共編著に『Campus Corean－はばたけ！韓国語』，『ぷち韓国語』（朝日出版社），『ハングル学習の手引き』（ハングル能力検定協会），論文に「日本語と韓国語の談話における文末の構造」（博士論文），「日本語と韓国語における談話ストラテジーとしてのスピーチレベルシフト」，「韓国語と日本語のturnの展開から見たあいづち発話」，「turn-takingシステムからturn-exchangingシステムへ－韓国語と日本語における談話構造」等がある．

Viva！中級韓国語

© 2004年10月 1日　初版発行
　2014年11月20日　第5刷発行

著者	野間秀樹／金珍娥
発行者	原　雅久
発行所	株式会社　朝日出版社
	101-0065　東京都千代田区西神田3-3-5
	電話　03(3263)3321
	FAX　03(5226)9599
	振替口座　00140-2-46008
	http://www.asahipress.com/
印刷・製本	図書印刷

ISBN978-4-255-00289-7 C0087　　　　Printed in Japan

本書の一部あるいは全部を無断で複写複製（コピー）することは，法律で認められた場合を除き，著作者および出版社の権利侵害となります．あらかじめ小社に承諾をお求めください．

〈定価はカバーに表示してあります〉
〈落丁・乱丁本はお取り替えします〉